Pedro Lenz
Chöit ders eso näh?

Pedro Lenz
Chöit ders eso näh?
Kolumnen

Cosmos Verlag

Die Kolumnen erschienen 2018–2022 in der
«Schweizer Illustrierten»

Alle Rechte vorbehalten
© 2022 by Cosmos Verlag AG, Muri bei Bern
Lektorat: Roland Schärer
Umschlag: Stephan Bundi, Boll
Satz und Druck: Merkur Druck AG, Langenthal
Einband: Schumacher AG, Schmitten
ISBN 978-3-305-00505-5

Das Bundesamt für Kultur unterstützt
den Cosmos Verlag mit einem Förderbeitrag
für die Jahre 2021–2024

www.cosmosverlag.ch

Inhalt

D Büez vo den angere 7
Nume ganz weni fautsch 9
We d Aare eifach witerfliesst 11
Sprochlechs Birchermüesli 13
Vom Schänken und Beschänktwärde 15
Gedanken über Autiise, Edustaau und söttigi Sache 17
Wen i zäh Mou gschider wär 19
Wi «bös» weniger bös isch worde 21
Über d Eigeheite vom Glück 23
Dä Räschte, wo im Tassli blibt 25
Der Ärger über d Empörig 27
Es Land ohni Name 29
Chöit ders eso näh? 31
Öppis sueche und öppis angers finge 34
Zwöi Manne, zwöi Froue, zwöi Besserwüsser 36
Vo verusse bis Outdoor 38
Reschpäkt für d Gruppe «Dachs» 40
Es Proscht uf die, wo nis furt si gstorbe 42
Darf me scho gli nüt meh säge? 44
Es si nume Buechstabe 46
Zämerücke mit Abstand 48
E Mischig zwüsche Schiessen und Sex 50
Nuu Komma wenig Prozänt 52
D Reklame vo früecher 54
Der Zwäck vo den Elefante 56
Über Frisuren und Gschichtsungerricht 58
Vo bbrochnem und vo höchem Dütsch 60

Verpackig und Inhaut 62
Medizin versus Poesii 64
Impfen und Schimpfe bis Wiissrussland 66
We me d Innestädt vo innen aaluegt 68
Vo Hundejohr und schneeriiche Winter 70
Wortschöpfige i Krisezite 72
D Länder i üseren Autagssproch 74
Mönschefleisch schmöcke 76
Bitte nid fertig verzöue! 78
Eidechsli vo jedere Grössi 80
Jedem e Baue und ds Theater isch verbii 82
Ds Läben isch Troum 84
Das Manchester vo früecher 86
Mini Gschicht vom Fadanelli 88
Über d Weichheit vo mire Sproch 90
D Wienachtsgschicht mit oder ohni Pfäffer 92
E totau müesami Mitarbeitere 94
Der ganz gross Tourismus-Trend 96
D Wäut vo de Zivilischte 98
Worum dass nüt nid immer nüt isch 100
Fasch aues isch im Flow 102
Der Störfaktor ir Gaschtronomii 104
Ds Unglück vo den angere Lüt 106
Eine vo früecher 108

D Büez vo den angere

D Chrankekasse het mer gschribe. Im Brief hets gheisse, vo jetz aa wärdi aues besser für mi. I chöng nämlech mis Konto ab sofort bequem säuber verwaute. Si hei mer es Passwort ggä und erklärt, was i söu mache und wie dass i mi chöng iilogge. Aues sig jetz vüu eifacher und vüu unkomplizierter. Si hei sicher scho rächt. Es isch eifacher und unkomplizierter, ömu für si, he jo, klar, wen ig ihri Büez gratis mache.

Eigetlech het me sech jo scho chli dra gwöhnt gha, dass me d Büez vo den angere mues mache. Säubschtbedienigsrestaurant gits scho sit ewige Zite. Mir tüe üsi Outo scho lang säuber tanke, ds Gmües im Lade säuber wääge, Bargäud am Outomat säuber uselo und so witer. Vo de Säubschtbedienigskasse wei mer gar nid aafo.

Me het jo ou es gwüsses Verständnis derfür, dass vüu Dienschtleischtige fasch nümm z zale si. D Ziten ändere haut und jammere bringt nüt. Ds Personau choschtet und es isch vor Rändite här gseh sicher nid dumm, we der Aabieter vore Dienschtleischtig möglechscht vüu Büez a d Chundschaft delegiert. Aus Chund chan i mi aapasse. Und ig persönlech nimes nümm persönlech, dass i gäng wi meh mues säuber mache.

Was mi de auerdings gliich e chli närvt, isch der Umgangston, auso dass me vo gwüssne Firme behandlet wird wi nes Trotteli. I meine, für angeri schaffen isch no eis. Aber sech gliichzitig vo dene, wo me gratis für se schaffet, no mues lo säge, me heigs guet und me chöng froh si, dass me ihri Büez dörf mache, das geit de gliich e chli z wit.

E Fründ vo mir het zum Bispüu vo letscht are Firma en Adrässänderig gschickt. De dünkts eim doch, di Verantwortleche bi dere Firma chönge das eso zur Kenntnis näh und vermerke. Minetwäge chönnte si eim ou zrügg schriibe, si heige ds Personau nümm, zum Adrässänderige verwaute, und drum chönge si di beträffendi Adrässänderig i ihrere Adrässkartei nid säuber iiträge. Es tüeg ne furchtbar leid, aber der Chund müess bi ihne dä Job grad säuber erledige. Aber nei! Der Kolleg, wo sini Adrässänderig het düreggä, chunnt en outomatischi Antwort über, wo druffe steit, es sig jetz bi ihrere Firma aues nöi und besser. Är chöng sini Adrässänderig praktisch und bequem mit weni Ufwand säuber i ihres Syschtem iiträge. Dank emne persönleche Zuegangscode und sim Passwort heig er immer Zuegriff zu sine Date. Faus es spöter wider zu Änderige sötti cho, gsäch er grad säuber, ob men öppis müess nocheträge, und so chöng er aufäuigi Aapassige jederzit säuber vornäh.

«Weisch», het der Kolleg zue mer gseit, «mit emne lausige Service und emne miserable Chundedienscht han i scho lang glehrt läbe. Aber dass si mer jeden Abbou umgehend aus nöischti Verbesserig wei verchoufe, a das mues i mi no gwöhne.»

Nume ganz weni fautsch

Ir Primarschueu isch bi üs ir Klass eine gsi, dä het im Diktat aube ungloublech vüü Fähler gmacht. Aber we sini vile Fähler thematisiert si worde, het er aube gseit, es sig nume Päch gsi. Är heig bi de meischte Fähler nume ganz weni fautsch gmacht. Zum Bispüu bi «dass» heig er numen eis «s» z weni gschribe. Oder amnen angeren Ort heig er «seit» statt «seid» gschribe. Das sig vom Klang här praktisch genau gliich.

Nume ganz weni fautsch gäbs nid, het aube der Lehrer Kneubühler ir dritte Klass gseit. Ir Orthografii gäbs richtig oder fautsch und nüt derzwüsche.

Das aues isch mer i Sinn cho, nachdäm dass i bi üs ir Stadt dür nes nöis Quartier bi gloufen und gläse ha, dass e nöji Stross dört aus «Autorennstrasse» isch beschüuderet gsi.

«Mues das würklech si?», han i für mi ddänkt. Wäm isch ächt dä Strossenamen i Sinn cho? Ir hüttige Zit, wo men immer wider vo tragische Raserunfäu und fahrlässige Privatoutorenne list, sött me doch e Quartierstross nid aus Outorennstross betitle. Das animiert doch di junge Raser erscht rächt, zum uf ds Gaspedau drücke. I bi scho druff und dranne gsi, wäge däm Thema mit em Stadtpresidänt Kontakt ufznäh, wo mi e Bekannte druf ufmerksam gmacht het, es heig numen eis «n». Was er mit däm wöu säge, han i gfrogt. Äbe, es heissi «Autorenstrasse» nid «Autorennstrasse», es göng um Schriftstöuer, nid um Outorenne. Di Klärig het mi einersits beruhiget, aber gliichzitig ou chli beschämt. Me list öppis nume ganz weni fautsch und scho bedütets öppis ganz angers.

Aber es git no schlimmeri Missverständnis. Me cha ou öppis, wo vom Schriftbüud här fählerfrei isch und wo me richtig gläse het, fautsch verstoh. So wi dä Kolleg, wo z Amerika bim Iireise e Zoubeamte het vor sech gha, wo mit «Wild» isch aagschribe gsi. Dä Officer Wild heig sehr gfährlech usgseh und ihn, mi Kolleg, heigs ddünkt, das chönnt e längi Passkontroue wärde. Är wüss nid worum, aber är heig i däm Mister Wild (usgsproche «Wääild») so ne richtig scharfe, strängpatriotische Amerikaner gseh us em töife Hingerland. E Sohn vo ehemalige Cowboys, wo so ne Schwizer wi ihn bsungers lang wöu am Zou lo zable. Aber nächär heig dä Mister Wild nach ganz churzer Zit der Pass abgstämplet und mit emne fründleche Lächle uf Schwizerdütsch gseit: «Merci und wüukommen i de USA, heit e schöne Ufenthaut.»

Däm Zoubeamte sis Namensschüud mit em Name «Wild» sig fählerfrei gsi. Nume heig ers aus «Wääild» interpretiert und i sim Gägenüber e Frömde gseh. Hätt ers hingäge aus «Wüud» interpretiert, wär ihm der gliich Name vertrout und liebenswürdig vorcho.

Ds Problem isch es ähnlechs wi mit der Orthografii: Der Fähler isch nume chliin, aber ds Missverständnis isch gross.

We d Aare eifach witerfliesst

Won i erfahre ha, dass ds Radiostudio Bärn vo Bärn uf Züri verleit wird, han i imnen Interview d Mediekonzentration im Ruum Züri kritisiert. Wahrschiinlech bin i chli fahrlässig gsi ir Wortwaau. Uf jede Fau isch nächär z Züri Füür im Dach gsi. Vüu Zürcherinnen und Zürcher hei mer scharfi Briefe und Mails gschribe, wo drinne gstangen isch, si heige eigetlech gmeint, i sig no ne Guete. Aber jetz heige si gmerkt, was i für ne schlimme Charakterlump sig. I heig absolut kei Ahnig vo Züri. Züri sig de im Fau en attraktivi Stadt mit sehr vüu schönen Egge. Und d Zürcher sigen überhoupt nid so arrogant, win i meini.

Es het mi interessant ddünkt, wi vehemänt dass d Lüt reagiere, we si der Iidruck hei, öpper heig ihri Stadt oder ihri Gägend schlächtgmacht. Es isch drum kei spezifischi Stadtzürcher Eigeheit, dass me meint, ds Eigete sig einmalig und unüberträffbar und vor auem unkritisierbar. Wärs nid gloubt, söu zum Bispüu mou uf Basu go froge, worum dass d Basler Fasnacht nid so luschtig sig wi die vo Luzärn. Oder was im Appezäuerland nid bsungers goutiert wird, isch ds Verwächsle vo Appezäu Innerrhoden und Usserrhode. Ou di, wo meine, Rapperswiiu am Zürisee sig es Zürcher Stedtli, di hole bir iiheimische Bevöukerig kener Sympathiipünkt.

Aber ds Bedänklechschte, won i i däm Zämehang erläbt ha, isch wahrschiinlech scho das mit der Aare. I ha drum mängs Johr z Bärn gwohnt. Und won i nächär vo Bärn uf Oute züglet ha, hei das vüu Bärnerinnen und Bärner fasch nid chönne nochevouzie. Si hei bis hütt nid ufghört froge, wi me bi vouem Verstang und ohni Zwang so nen einmaligi Stadt wi Bärn cha verlo. Und fasch immer, we si mi das froge, froge si ou no grad, ob i de z Oute di schöni Aare nid vermissi.

Für mängi Stadtbärner isch es offesichtlech unheimlech schwär z verstoh, dass dä Fluss, wo sini Stadt so prägt, ou no dür angeri Städt düerfliesst und sogar no über d Kantonsgränzen usen und bis i Aargou hingere bekannt isch. Es isch ke Witz, aber i kenne Bärnerinnen und Bärner, wo richtig entsetzt si, we si sech bewusst wärde, dass dä schön Fluss, wo dür Oute fliesst, äbefaus Aare heisst und ds gliiche Wasser mit sech füert. Es chunnt ne wi ne Betrug a ihrere Stadt vor, dass sech d Aare di Freiheit usenimmt, nach Bärn no witerzfliesse.

Wöu i niemer wott verruckt mache wäg söttigne Details, han i mer vorgno, i säg jetz mine Bärner Fründe nümme, dass üse Fluss z Oute d Aaren isch. We ds nöchschte Mou öpper frogt, sägen i eifach, dass sig e Fluss, wo z Solothurn zum Boden uus chunnt und hinger Oute wider versickeret. Dä Fluss heig ke Name, ke Härkunft und kes Ziuu, aber mir sige trotzdäm überzügt dervo, dass es uf der Wäut ke schönere Fluss gäb.

Sprochlechs Birchermüesli

Es git es interessants Sprochphänomen, wo nid so liecht z erklären isch: Vüu Lüt machen us der eigete Sproch es Birchermüesli, we si mit Frömdsprochige rede. Mir isch es zum Bispüu scho meh aus einisch passiert, dass Mönsche, wo mi ghören Änglisch rede, ihres eigeten Änglisch so fescht banalisiere, dass mes nümm aus Änglisch erkennt. Offebar meine die, wo das mache, ds Gägenüber chöng e Frömdsproch besser schlücken und verdoue, we si vorhär fiin verstücklet isch worde. Frei nach em Motto: «Du eventuell verstehen mich besser, wenn ich machen Sprache für dich simpel und Verben nur noch brauchen in Grundform.»

De bin i einisch z Bärn im Café Fédéral ghocket und ha amne Schwizer zueglost, wo mit eim het Znacht ggässe, wo Dütsch mit russischem Akzänt het gredt. Dä, wo wahrschiinlech Russ isch gsi, het rächt guet Dütsch chönne. Aber der Schwizer het äxtra schlächt gredt, zum am angere häufe. «Du wollen voraus Salat? Oder du lieber voraus Suppe?» Är nähm kes Entrée, het der Russ fählerfrei gseit, är göng lieber grad diräkt i ds Fleisch.

Es isch interessant gsi, dene beide Manne zuezlose, der eint het d Satzstellig malträtiert, der anger d Sprochmelodii. Bi töune Fähler bin i auerdings nid sicher gsi, ob se der Schwizer äxtra het gmacht oder ob si nim usegrütscht si. Är het zum Bispüu gseit, si Chef sig uf sim Gebiet en absoluti Koniphäre und är heig gueti Beziehige zum dütsche Kolsunat. Der Russ het gnickt und gseit, Dütschland sig wichtig. Är säuber heig einisch sogar es Träffe gha mit em Schweinsteiger. Das sig übrigens sehr es aaregends Träffe gsi. Si heige sech beschtens chönnen ustuusche.

Der anger het verständnisvou gnickt und gseit: «Ich Schweinsteiger gut gefunden bei Bayern München. Aber nachher Schweinsteiger von Bayern weg. Seither Schweinsteiger nix mehr gut.» Nenei, är meini nid der Fuessbauer, är meini der anger Schweinsteiger, het der Russ wöue klarstöue. «Ich aber nur kennen Fussballer Schweinsteiger», het uf das abe der Schwizer gseit.

Är redi doch nid über Fuessbau, het sech der Russ fasch e chli empört. Wen är der Schweinsteiger erwähni, de mein er säubschtverständlech der Politiker Schweinsteiger und nid der Fuessbauer.

A dere Stöu vom Gspräch han ig mi aus inoffizielle Zuehörer chli aafo schäme, wöu i doch der Name Schweinsteiger ou nume mit emne Fuessbauer i Verbindig ha bbrocht.

«Was für Politiker du meinen?», het der Schwizer gfrogt, und i bi froh gsi, dass är di Frog het gstöut, wo si mir ou uf der Zungen isch gläge.

«Bundespräsident Schweinsteiger!», het der Russ gseit.

«Aber Bundespräsident heissen Steinmeier», het jetz dise korrigiert.

«Sag ich doch!», het der Russ gseit und de hei si es paar Minute schwigend witerggässe.

Vom Schänken und Beschänktwärde

Jetz, wo d Wienachte wider düren isch, gits vüu Lüt, wo offebar erliechteret si. Im Zug, im Tram, im Konsum, uf em Märit, überau ghören i Mönsche, wo zunang säge: «Gott sei Dank isch dä Stress verbii!» Und de wird tüchtig über ds Gschänklimache gschumpfe. Wi schwirig dass es sig, ständig Lüt müesse z beschänke, wo scho aues heigi! Was söu men öpperem schänke, wo sogar scho säuber seit, är wöu nüt, är heig aues?

I ne söttige Jammerchor würd ig nie iistimme! Mi dünkt Schänke ds Gröschte! I ha ou a dere Wienacht vo Härze und mit Fröid Gschänk gmacht und Gschänk übercho. Natürlech isch es nid bi aune Fründe und Verwandte gliich eifach, es Gschänk uszwähle, aber das machts jo grad interessant. Und sogar bi dene, wo meine, si wüssi ganz genau, was si wei, cha ds Schänke en Useforderig si. E Jugetlechi, wo sehr gärn Sport macht, het mer zum Bispüu gscit gha, si wünschi sech es Sportliibli wo anti-schmacktiv sig.

«Was es nid aues git!», han i ddänkt, «anti-schmacktivi Sportchleidig! Wär het ächt so öppis erfunge?» Und de bin i mou i ds Sportgschäft.

Der Verchöifer het mer e Huufe Sporttrikot i aune mögleche und unmögleche Farbkombinatione zeigt.

«Schmöcke si, we me schwitzt?», han i gfrogt.

«Klar schmöcke si, aber si si sehr pflegeliecht. We me sc us der Wöschmaschine nimmt, si si praktisch scho troche!»

Das sig guet und rächt, han i gseit, aber i müess öppis ha, wo anti-schmacktiv sig, wo auso nüt schmöcki.
Si heig am Telefon vomne anti-schmacktive Stoff gredt.
Das gäbs nid, i meini sicher atmigsaktiv, nid anti-schmacktiv, het dä Verchöifer gseit.
Mir hei grinset und i ha wider öppis glehrt. Gubs kener Gschänk, hätt i das vo dene atmigsaktive Sportliibli nid glehrt.
Aber ou bi dene Gschänk, wo me nid e Wunsch berücksichtiget, sondern säuber entscheidet, was me schänkt, gits mängisch Missverständnis. So wi a dere Wienachte, wo einen ir Rundi es Päckli ganz wenig ufgrisse het gha. Me het dür ds ufgrissene Gschänkpapiir e Teil vomne magere Mannekörper gseh, wo nume ganz knapp aagleit isch gsi. «Ou cool, e Biografii vom Gandhi!», het er gseit und derzue gstrahlet wi ne Meiechäfer. Dä, wo das Gschänk het übercho, list drum für ds Läbe gärn Biografiie. Aber won er ds Päckli richtig het uspackt, het er gseh, dass es nid e Gandhi-Biografii isch gsi, sondern es Paar Ungerhose. A dene het er natürlech ou Fröid gha, aber me het nim scho aagseh, dass nim der Mahatma Gandhi nöcher wär gsi aus der Calvin Klein.
Allei scho wäge söttigne Erläbnis würd i nie öppis gäge ds Schänke a Wienachte säge. Und wen i jetz bis zur nöchschte Wienacht fasch es Johr mues warte, trööschten i mi mit emne Spruch, wo zwar nid vom Gandhi isch, aber immerhin vom Sepp Herberger: «Nach dem Spiel ist vor dem Spiel.»

Gedanken über Autiise, Edustaau und söttigi Sache

Letscht Wuche han i grad mit es paar Johrgänger vo mir über d Frog diskutiert, wo dass mer nis mit über füfzgi i dere Gsöuschaft söue positioniere. Mir si uf ds Thema cho, wöu me jo immer öppe wider cha läse und ghöre, dass me nach füfzgi fasch ke Chance meh heig, e nöie Job z finge.

Das sig bekannt, dass es nach füfzgi harzig sig mit der Jobsuechi. Aber we me mit über füfzgi ke nöji Stöu überchiem, de chöng jo das im Grund gno nüt angers heisse, aus dass me mit über füfzgi prueflech nümm würklech z bruuche sig, het eine ir Rundi gseit.

«Genau das heissts ou!», het en angere gseit. Das sig leider eso. Är merki jo säuber, win er schnäuer müed wärdi aus früecher, wi d Chraft nochelöng, wi sis Reaktionsvermöge zrügg sig ggange, win er au Monet schwerer und gstabiger und unflexibler wärdi. So eine, win är sig worde, würd är, wen er Ungernähmer wär, nie im Läbe wöuen aastöue.

«Mache mer nis doch nüt vor!», het jetz no einisch en angere gseit: «We d über füfzgi bisch, bisch prueflech nümme richtig z bruuche. Vor auem i der hüttige Pruefswäut, wo me schnäu und dynamisch und belaschtbar mues si!»

«Das isch jo das, won i scho di ganzi Zit säge!», het dise gseit.

«Voilà!», het uf das abe der erscht no betont. «Ändlech si mer nis einisch bimne Thema einig.»

Mir hei nis auso gfrogt, wo mer mit über füfzgi häreghöre, und si zum beunruhigende Schluss cho, dass mer zum auten Iise ghöre. Nid, dass Autiise komplett wärtlos wär. Autiise het ou si Priis. Trotzdäm isch Autiise haut ou bim auerbeschte Wüue nid mit Edustaau z vergliiche.

Mir hei de no chli Bier bstöut und si mit jedem Schluck es bitzeli melancholischer worde. De hei mer drüber gredt, dass mer i üsem Bekanntekreis nid ei einzigi Person kenne, wo ohni Hüuf vom Arbeitsamt oder ohni Hüuf vom Soziaudienscht mit über füfzgi no ne nöie Job ir freie Wirtschaft hätt gfunge. Vilecht gäbs no der eint oder anger gschützt Arbeitsplatz, aber sicher ke normale Job. Es sig hert, hei mer gseit, aber so sig haut der Louf vom Läbe. Mit über füfzgi sig normalerwiis niemer meh vermittubar.

«Würklech, i kenne niemer, wo mit füfzgi no d Kurve verwütscht het.»

«Niemer ussert d Karin Keller-Sutter!», het jetz eine ir Rundi gseit, «die het ou mit dütlech über füfzgi e nöie Job gfunge!»

«Und d Viola Amherd natürlech, die isch ou dütlech über füfzgi und fot äbefaus e nöie Job aa, und de nid der schlächtischt!»

Aber mir angere hei das Bispüu nid lo gäute, wöu erschtens ghöre di beide nöie Bundesrötinne nid zu üsem Bekanntekreis und zwöitens si mer nis nid cinig worde, ob me so ne Bundesrotsjob zu de gschützte Arbeitsplätz müesst zöuen oder doch ender zu den ungschützte.

Wen i zäh Mou gschider wär

Letscht Wuche bin i z Outen über d Houzbrügg. Äne ar Brügg hets e chliine Platz, dä heisst Kaplaneiplatz. Und dört uf däm Kaplaneiplatz hei es paar Lüt e Stang betribe. Es isch so ne einzelne Märitstang gsi, wi mes aube gseht, we zum Bispüu e Verein säuber bbachne Chueche verchouft, zum d Vereinskasse saniere. I ha ganz churz zu däm Stang gluegt und das het scho glängt, für dass mi e Maa i nes interessants Gspräch het verwicklet.

Ob ig eigetlech wüssi, dass mir Mönsche normalerwiis nume zäh Prozänt vo üsem geischtige Potänziau usnützi. Nei, das heig i nid gwüsst, sägen i zu däm Maa a däm Stang. Es sig aber wohr, seit är. «Dir nützet höchschtens e Bruchteil vo öichem geischtige Potänziau. Der gröscht Teil vo öichere intellektuelle Kapazität isch verschwändet.»

I hätt dä Maa gärn wöue froge, worum dass er das wüss, är kenni mi jo gar nid, und drum chöng er ou nid wüsse, wis geischtig um mi stöng. Aber är het mi nid lo rede, är het mer gseit, i chöng gratis e Persönlechkeitstescht mache, wo mer ufzeigi, wo mini Sterchine und Schwechine ligi.

I ha dä Stang aagluegt, de han i dä Maa aagluegt, de han i en angere Maa und en angeri Frou aagluegt, wo hinger em Stang si gstange. Das si jetz wahrschiinlech luter Mönsche, han i ddänkt, wo dank ihrem Persönlechkeitstescht und dank ihrere Trainingsmethode di fählende nüünzg Prozänt vo ihrem geischtige Potänziau hei chönnen aazapfe. I bi nid wahnsinnig guet ir Mathematik, aber i weiss, dass zäh Prozänt e Zähntu vo hundert Prozänt isch und dass auso die, wo hundert Prozänt vo ihrem geischtige Potänziau chöi nütze, zäh Mou schlöier si aus ig. Und tatsächlech hei di Lüt a däm Stang rächt schlau usgseh, i mues es zuegä. Drum han i de no di einti oder angeri Frog gstöut und ha mer Fautbletter lo zeige, wo vüu plakativi Sätz si druffe gstange.

«I nützen auso nume zäh Prozänt?», han i zur Sicherheit no einisch gfrogt. Jawoll, es sig eso, normali Lüt nützi nume zäh Prozänt vo däm, wo möglech wär. Aber wi gseit, wen i ihre Persönlechkeitstescht wöu mache, de chönge si mer genauer ufzeige, wo dass i no chönnt zuelege. Und i chöng mer jo säuber überlege, was sech für mi aues für Möglechkeite uftüege, wen i mis ganze Potänziau chöng usschöpfe.

I ha mer überleit, was aues möglech wär, wen i zäh Mou gschider würd wärde. I ha mer ou überleit, was i de aues chönnt erreiche, won i bis jetz no nid erreicht ha.

Aber i mues zuegä, dass i mer so vüu Gschiidheit gar nid richtig ha chönne vorstöue. Ds Einzige, won i ganz sicher ha gwüsst, isch gsi, dass ig, wen i würklech mou zäh Mou intelligänter wär, sicher e geischtig aaspruchsvoueri Beschäftigung würd sueche, aus bi Wind und Wätter z Outen uf em Kaplaneiplatz go Passanten aaquatsche.

Wi «bös» weniger bös isch worde

I weiss no guet, wi mir aus Ching hei Angscht gha vor böse Manne, vor böse Geischter, vor böse Lehrer, vor böse Häxe, vor böse Hüng und süsch no vor sehr vüu böse Wäse. Das unschiinbare Wörtli «bös» isch dennzumou es böses Adjektiv gsi. Aber nid nume das: Me het us em Begriff «bös» sogar es böses Verb chönne mache. Das Verb isch überau dört zur Aawändig cho, wo öppis schlimmer isch worde. Aues het chönne bööse, der Hueschte vom Grossvatter het jede Winter bbööset, mit em Rügge vor Grossmueter hets bbööset und mit em Zuestang vor Wäut hets sogar bös bbööset.

We me sech achtet und chli umelost, de cha me merke, dass ds Wort «bös» hüttzutags chli weniger bös isch aus no vor zäh oder vor zwänzg Johr. We di junge Lüt hütt «bös» säge, de meine si meischtens «sehr». Wäge däm wird «bös» meh und meh zumne Versterchigswort, ähnlech wi «huere». Es sehr es härzigs Hundeli isch de plötzlech bös härzig, e sehr e gueti Party isch im Hingerdrii, we me dervo verzöut, bös guet gsi und e sehr e cooli Frisur isch bös cool.

Di Sinnverschiebig, wo der Begriff «bös» mitgmacht het, wär eigetlech nid so problematisch, schliesslech chunnts ir Umgangssproch immer wider vor, dass en aute Begriff e nöji Bedütig überchunnt. Ds Blöden isch i däm spezielle Fau nume, dass «bös» e moralische Begriff wär. Und we ds Wort «bös» ke moralischi Bewärtig meh isch, de chunnt me bi moralische Froge liecht i ds Schlöidere. Wi wott me de öppisem säge, wo moralisch schlächt bewärtet wird, we «bös» kes bruuchbars Wort meh isch, zum ds Böse bezeichne?

Ds umgekehrte Phänomen isch äbefaus bekannt. I mire Chindheit het me no druf häre gschaffet, e guete Mönsch z si. Das het me gmacht, indäm dass me versuecht het, bösi Gedanke, bösi Wort oder bösi Tate z vermiide. Es isch natürlech nid immer glunge, aber me hets gäng wider probiert. Ungerdessen isch der Begriff «Gutmensch» es Schimpfwort, wär zu öpperem seit, är sig e Guetmönsch, meints schlächt mit nim.

Das si luter Gedanke, won i mer ei Tag gmacht ha, nachdäm dass i amne chliine Bueb ha zueglost, wo mit sire Mueter chli het wöue philosophiere. Är het zur Mueter gseit: «Hesch du mi gärn?» Und wo si nim gseit het, klar, si heig ne sehr gärn, het der Chliin gseit: «Ou wen i bös bi? Ou wen i sehr bös bi? Ou wen i sehr, sehr bös bi?»

Ändlech wider mou öpper, wo zwüsche «guet» und «bös» cha ungerscheide, han i ddänkt; ändlech wider einisch eine, wo ds Wort «bös» im traditionelle Sinn bruucht. Es het eim fasch chli berüert, dass sech dä Bueb so vüu Gedanke zu sire eigete Bosheit macht.

Und wo nim d Mueter de irgendeinisch gseit het, es sig jetz gnueg gstürmt, är söu nid so aasträngendi Froge stöue, het men a ihrere Stimm useghört, dass sis nid bös meint.

Über d Eigeheite vom Glück

Glück isch es eigenartigs Konschtrukt. Ständig isch men uf der Suechi nach Glück. Aber we mes ändlech gfunge het, merkt mes vilecht nid emou, und we mes merkt, si d Empfindige vilecht nid eso, wi me sechs vorgstöut het, oder si gö vüu z schnäu verbii. Glück isch flüchtig und unzueverlässig und mängisch chunnts im fautsche Momänt.

Näh mer zum Bispüu d Bärner Young Boys, eine vo de traditionsriichschte Fuessbauvereine vor Schwiz. D Young Boys si öuf Mou Schwizer Meischter gsi. Nächär si si unvorstöubar längi 32 Johr am grosse Glück hingernochegsprunge. Und de ändlech, am 28. Aprüu 2018, hei si wider e Meischterschaft gwunne. Ir Nachspüuzit vomne ungloublech spannende Mätsch gäge FC Luzärn het denn YB ds 2:1 gschosse. Mit däm unvergässleche Goou isch der erscht Meischtertitu sit 1986 errunge gsi. Ds usverchoufte Wankdorf-Stadion isch fasch explodiert vor Fröid. «Ändlech, ändlech, ändlech hei mer ds Glück gfunge!», hei sech d YB-Fans gseit und hei bsoffe vo däm Glück di erschti vo mehrere Meischterpartys gfüret.

Das isch es Glück gsi, wo ungefähr eso isch cho, wi me sechs aus YB-Fan ertröimt het gha. Es isch es Glück gsi, wo johrzähntelang uf sech het lo warte. Und vor auem ischs es Glück gsi, wo nach emne superspannende Spüu mit emne späte Goou isch verwürklechet worde.

23

«Uf so nes Glück wei mer de nie meh 32 Johr müesse warte!», hei vor der nächschte Saison aui gseit, wo irgendöppis mit de Young Boys am Huet hei gha. Und wöu d YB-Spiler säuber ou eso hei ddänkt, hei si grad vom erschte Mätsch aa sehr guet gschuttet. Der Vorsprung vo YB uf di erschte Verfouger isch vo Monet zu Monet grösser worde. Di Gäubschwarze hei Mätsch um Mätsch gwunne, eso dass scho acht Rundine vor Schluss plötzlech klar isch gsi, dass di 29. Rundi chönnt d Entscheidig bringe. Me het aagno, dass zwar der FC Basu, wo zwöit isch, am Samschtig deheime gäge Grasshopper Club, wo letscht isch, problemlos gwünnt, dass aber YB am Sunntig mit emne Sieg bim FC Züri der Sack zuemacht.

Wo de am Samschtig der FC Basu ender überraschend gäge d Grasshoppers nid het möge gwünne, isch klar gsi, dass d Young Boys nümm chöi ufghout wärde. Si si auso am Samschtig am Oobe Schwizer Meischter worde, ohni dass si säuber gschuttet hätte.

Natürlech het di Gwüssheit jeden YB-Fan glücklech gmacht. Aber es isch nid di gliichi Art Glück gsi, wi nes Johr vorhär nach em Schlusspfiff gäge Luzärn. Es isch es komisches Glück gsi, eis, wo me gärn no chli für spöter ufgsparet hätt.

Aber ds Glück cha me nid ufspare, so wi mes ou nid cha erzwinge. Ds Glück chunnt, wenns wott und wis wott. Glück macht eim zwar fasch immer glücklech, aber es macht eim nid immer i däm Usmass glücklech, wo me sech vorhär gwünscht het gha.

Dä Räschte, wo im Tassli blibt

Bim Kafitrinke wirden i mängisch gfrogt, ob i scho ustrunke heig, auso, ob me mis Tassli chöng abruume. De luegen i ds Tassli mou aa und gseh, dass dört no ne chliine Räschte Kafi dinn isch. Dä Räschte ma scho chaut si, aber är isch no dütlech sichtbar. De sägen i aube, nei, si söue nid abruume, i heig no nid ustrunke. Auso wird mis Tassli nid abgruumet. Aber ustrinke tuen i nächär gliich nid.

Dass i praktisch immer e Räschte Kafi übriglo, isch mer säuber gar nie ufgfaue. Es het mi zersch öpper uf di Unart müessen ufmerksam mache: «Lueg Lenz, du loosch jedes Mou e Räschte Kafi im Tassli. Und wen i säge jedes Mou, de meinen i jedes Mou, aber würklech jedes Mou! Chasch nid eifach ustrinke wi anger Lüt ou? Das mit däm Räschte isch e Soumode, es Laschter, e blödi Unsitte, en unseligi Marotte!»

I ha mer überleit, ob das wohr sig, und ha de müesse zuegä, dass es tatsächlech stimmt. I lo gäng e Räschte Kafi im Tassli, nid vüu, vilecht en einzige Schluck oder höchschtens zwe. Das han i mer wahrschiinlech ir Jugend aagwöhnt, won i aube no fasch ohni Gäud i d Beize bi. De bin i zum Bispüu i nes Tea-Room go Zitige läsen oder go Gedicht schriibe. Und wöu i nid meh aus eis Kafi ha vermöge, han i zletscht e Räschte drinn glo, dass d Serviertochter nid uf d Idee chunnt, abzruumen und z froge, ob i no öppis wöu bstöue. Jetz, won i ou es zwöits und es dritts Kafi vermögt, müesst i das nümm mache, chönnt i problemlos ustrinke. Und niemer müesst meh froge, ob me mis Tassli cha abruume, wöus offesichtlech wär.

Trotzdäm lon i gäng no ne Räschte Kafi im Tassli. Es isch äuä eifach en auti Gwohnheit, wo mit mine finanzielle Möglechkeite vo früecher zämehanget und wo mer bis hütt isch bblibe. Aber vilecht isch es äben ou meh aus numen en auti Gwohnheit, vilecht isch dä Kafiräschten ou en Usdruck vo mire unbewussten Angscht, der Bode vom Tassli müessen aazluege. Vilecht wott i eifach mängisch nid wüsse, was zungerscht unge fürechunnt. Vilecht wott i de Sache nid immer uf e Grund go.

I würd zum Bispüu ou nie uf d Idee cho, der töifscht Touchgang vor Gschicht z mache. So wi der Victor Vescovo, dä amerikanisch Forscher, wo im Marianegrabe im Pazifik e Wäutrekord im Töifseetouche het ufgstöut. Und was het er gseh, der Vescovo, i dene vier Stung, won er mit sim U-Boot uf fasch öuf Kilometer Töifi der Meeresbode het abgsuecht? Het er e Goudschatz gfungen oder es auts Pirateschiff vou Perlen und Diamante? Nei, e Plastiggsack het er gfunge, nüt aus e banale Plastiggsack! Für das hätt dä Vescovo ou am Strand chönne bliibe.

Und genau wäge söttigne Mäudige lon ig fasch immer e Räschte Kafi lo stoh. Wöu i nid wott gseh, was uf em Grund vom Tassli chönnt si.

Der Ärger über d Empörig

I lise d Zitig und de steit dört, e Tesla-Chund sig empört, wöu d Riichwiti vo sim Outo nümm so sig, wi si sött. Amnen angeren Ort empört sech der Mieterverband wäg öppis angerem. Nächär empöre sech einzelni Aawohner imnen Aargouer Stedtli, wöu d Hüng imne bestimmte Brunne nid dörfe bade. Z Spanie hei sech ungerdessen Öuteren empört, wäg emnen Ufklärigs-Event ire chliine Stadt. Und i vermuete, wen i nid hätt ufghört läse, hätt i no vo vüu meh Empörigen erfahre.

Klar, mängisch empören i mi ou. Wahrschiinlech chömen aui Mönschen ab und zue i Situatione, wo si sech müessen oder wo si sech wei empöre. Zwar weiss i nid immer sicher, wo dass d Gränze zwüsche Beleidigung, Enttüüschig, Fruschtration und Empörig genau verlouft, aber i gseh und lisen und merke, dass d Empörig ganz breit verhandlet wird. D Empörig schiint bi üs umenang gägewärtig der meischt verbreitet Geischteszuestang z si.

Mängisch empöre sech zersch wenig Lüt über öppis, wo nöime passiert. De wird vo deren Empörig sofort i de Medie bbrichtet. De empöre sech vüu Lüt über d Empörig vo dene wenige Lüt. Si tüe ihri Empörig über d Empörig vo den angere schnäu und lut kund. Uf das aben empöre sech no meh Lüt über d Empörig vo dene vile Lüt, wo sech über d Empörig vo de wenige Lüt empört hei gha. Was widerum aune, wo sech bis dört häre no nid empört hei gha, d Chance git, sech äbefaus no z empöre.

Wen i zuefäuig grad nid empört, sondern innerlech ruhig bi, stöu i mer aube d Frog, was me gäge di augemein grassierendi Empörig chönnt mache und ob men überhoupt öppis mues mache. I wett über das Thema rede, aber ha chli Angscht, dass sech de grad wider di einten oder angeren empöre drüber, dass öpper d Empörig thematisiert. «Lo mi in Rue! Mini Empörig ghört mir!», säge si de vilecht.

Klar chönnt me jetz der Standpunkt verträtte, es sig jedem säuber überlo, wi fescht und wi hüüfig dass er sech wöu empöre. Es isch jo nid verbotte, empört z si. Aber i ha äbe der Verdacht, dass d Empörig niene härefüert. Empörig het so ne liecht beleidigte Biigschmack und de isch hüüfig ou e Priise Säubschtgrächtigkeit dinne. Das si Zuetate, wo nüt Konschtruktivs verspräche.

Ärger dünkt mi besser aus Empörig. Ärger gspürt me klarer. Ärger cha me liechter uselo und us em Ärger use cha men ender öppis ändere. Empörig bringt nis nid witer, wöus so nes unheimlech komplizierts Gfüeu isch. Di Empörte si meischtens eifach nume drann interessiert, ihri Empörig bekannt z mache.

Di Verärgerte hingäge, die tändiere derzue, der Ärger z bekämpfe. Ärger isch es Gfüeu, wo me wott loswärde. Drum ungernimmt men öppis dergäge. Bir Empörig bin i nid sicher, ob me se tatsächlech wott loswärde. I ha ender der Verdacht, dass vüu Lüt sech wou füele, we si empört si. Und das widerum verärgeret mi.

Es Land ohni Name

Es isch e sehr e heisse Nomittag im Juli gsi. I ha vom Wallis hei wöue. Z Visp am Gleis 4 si vüu Lüt gstange, wo uf e Schnäuzug Richtig Bärn, Basu, Frankfurt hei gwartet. Der Schnäuzug isch nid cho. Und us em Lutsprächer seit e Stimm: «Der EC Richtung Bern, Basel, Frankfurt, Abfahrt 13.28, erhält zirka zehn Minuten Verspätung, Grund dafür ist ein Problem im Ausland.» Ds gliiche Sätzli het de di Stimm im Lutsprächer ou no uf Französisch, Italiänisch und Änglisch gseit. Aber uf Änglisch het d Stimm nid vom Usland gredt, sondern vo «another country», auso vomnen angere Land.

Jetz si dört uf däm Perron ganz vüu Lüt am Warten und am Schwitze gsi. Und wöu der Zug ou nach zäh Minute no nid isch iigfahre, het d Stimm vom Lutsprächer no mehrmous müesse erkläre, di Verspätig heig mit emne «problem in another country» z tüe.

Dä Zug, wo vom Simplon här z Visp hätt söuen aacho, zum nächär dür e Lötschbärg Richtig Spiez witerzfahre, het auso Problem gha imnen angere Land. «Wahrschiinlech z Nordkorea», het eine vo de Wartende gseit und glachet. «Ömu z Finnland wahrschiinlech nid», het en angere Maa gseit, «es mues irgend es Land vo änen am Simplon si».

Es isch würklech bemerkenswärt gsi, wi di Stimm vom Lutsprächer sech bemüet het, i aune vier Sproche das Land nid z benenne, wo offesichtlech für di Zugsverspätig zueständig isch gsi. Es isch eim vorcho, wi wes ke Name meh gub für das Land vom Ovid, vom Leonardo da Vinci, vom Michelangelo, vom Giuseppe Verdi, vom Federico Fellini, vor Claudia Cardinale, vor Sophia Loren, vor Gianna Nannini, vom Lucio Dalla, vom Francesco Totti oder vom Adriano Celentano.

I ha mi dört a däm Bahnhof z Visp bim Warten uf dä Eurocity, wo mi hei uf Oute hätt söue bringe, aafo froge, worum dass di Stimm am Lutspracher uf au Arte vermiidet, der Name vo däm Land uszspräche. Der Maa vom Lutspracher het nid möge säge, wi das Land vom Saltimbocca mit Risotto, das Land vom Barolo Gran Riserva, das Land vom handgrüerte Zabaione und vo de feine Cantucci, das Land vom Ristretto mit Grappa genau heisst. Är het eifach gseit: «Wegen Problemen im Ausland.»

Vilecht hets do mit däm Matteo Salvini z tüe, han i plötzlech ddänkt, däm Inneminischter, wos lieber hätt, me würd d Bootsflüchtlinge im Mittumeer lo ersuufe aus se us em Wasser z rette und a di sicheri Küschte bringe. Dä Matteo Salvini fingt ersoffeni Flüchtlinge besser aus söttigi, wo chöi überläbe, wöu nis der Tod vo de Flüchtlinge weniger choschtet aus ds Läbe. Am Salvini sini Landslüt wähle ne für das.

Aber der Maa vom Lutspracher vom Bahnhof z Visp git amne söttige Land, wo söttigi Lüt wäut, der Name nümm. So nes Land heisst für ihn nume no «another country».

Chöit ders eso näh?

Eine, won i guet kenne, isch vor über driissg Johr i den USA imne Chinderlager go häufe. Das Summer-Camp isch vomne Hüufswärch organisiert gsi. Me het denn sörigi Ferielager ir freie Natur äxtra für Ching düregfüert, wo i grosse Städt ufwachsen und ohni das Aagebot nie d Möglechkeit hätte, e Waud vo nöch z erläbe.

Wo dä Lagerleiter denn im Waud e Hirsch hct gseh, het er zu de Ching gseit: «Lueget dört obe, das Tier mit däm Gweih. Das isch jetz e Hirsch.» Di spontani Antwort vo dene Stadtching, wo no nie e Hirsch hei gseh, sig gsi: «Great! Let's shoot it!» («Grossartig! Tüe mer ne erschiesse!»)

Das hei di Ching nid gseit, wöu si bösartig si gsi oder bluetrünschtig. Si heis ou nid gseit, wöu si hätte wöue Hirschfleisch ässe. Si heis gseit, wöu si ire Kultur ufgwachse si, wo men am Unbekannten und ar Angscht z auererscht afe mou mit Schusswaffe begägnet. Gscht öpper i den USA e Frömden i sim Garten umeloufe, darf er dä Frömd erschiesse. Das isch legau. Der Bsitzer vom Land darf aanäh, der Frömd sig e Kriminelle, und drum darf er ne töde. We sech spöter usestöut, dass es ke Kriminelle isch gsi, sondern vilecht numen öpper, wo nach em Wäg het wöue froge, de säge sech die, wo gschosse hei: «Jo nu, säuber tschuud. Worum isch er i mim Grundstück umegloufe?»

Di Tradition, dass me dä oder das, wo cim Angscht macht, zersch afen einisch abeschiesst, bevor me geit go nocheluege, wär oder was es isch gsi, die Tradition chunnt vor Gründigszit vo de Vereinigte Staate. Di erschten europäische Sidler, wo z Amerika sässhaft si worde, hei sech ihres nöie Land zersch afe mou müesse freischiesse. Dört, wo si si go sidle, hets vilecht Kojote gha oder Bären oder Indianer. Und nächär hets vilecht nid überau scho Polizischten und Richter ggä, auso hei d Sidler ds Gsetz mängisch ou i di eigeti Hang gno und mit Flinten und Revouver für Ornig gsorget.

Hütt isch das riisegrosse Land organisiert. D Indianer und d Bäre het men i Reservat versorget. Für d Gouner und Banditen im Inland het me d Polizei. Für d Gouner und d Banditen im Usland het me d Armee. Der Normaubürger müesst nümm schiesse. Aber wöu d Amerikaner enang sit der Gründig vo den USA im Johr 1776 immer wider verzöue, numen Amerikaner, wo im Notfau chönge schiesse, sige richtigi Amerikaner, si d Waffe sehr wichtig. Dass me liecht a Waffe härechunnt und e Kult um di Waffe macht, ghört zum Mythos vom freien Amerika.

Wes immer wider irgendwo im Land zumnen Amoklouf chunnt, wo irgend e chranke Typ uf aues schiesst, wo sech bewegt, und zletschst zäh, zwänzg, vierzg oder no meh Toti macht, de redt me z Amerika und uf der ganze Wäut über di liberale Waffegsetz. Aber sofort, fasch reflexartig, widerhole jedes Mou sämtlechi Waffefründe uf disere und uf dere Site vom Atlantik, nid d Waffe sige ds Problem, sondern die, wo d Waffe bruuche, auso mir Mönsche. Das isch ds wichtigschten und immer wider widerhouten Argumänt vor wäutwite Waffelobby oder vom amerikanische Presidänt. Si bättes nach jedem nöien Amoklouf eis ums angere Mou abe: «E Waffe für sich macht niemerem weh. Nume we se e Bösen oder en Irren oder e Schlimme bruucht, isch si gfährlech.»

Ds Gägenargumänt chönnt genau gliich simpu si. Wen e Waffe ohni Mönsch nid cha schiesse, chönnte mer ou säge, e Mönsch ohni Waffe chöng nid schiesse. We nämlech so nen Amoklöifer, bevor dass er Amok louft, no müesst go ne Waffeschiin löse, de wär d Wäut sicher sicherer, aus we jeden eifach i Waffelade cha ineloufen und cha säge: «Grüessech mitenang, i hätt gärn es haub Dotze hauboutomatischi Gwehr und es paar Hundert Schuss Munition für nen Amoklouf.» Und der Waffehändler nume seit: «Gärn, darfs süsch no öppis si? Chöit ders eso näh?»

Öppis sueche und öppis angers finge

Das isch nech sicher ou scho passiert, dass der öppis heit gsuecht, und nächär heit der öppis ganz angers gfunge. Ei Tag han i zum Bispüu uf guet Glück der Name vomne spanische Verwandte ir Suechmaschine iitippet, wöu i sini Poschtadrässe gsuecht ha. Di Adrässe han i nid gfunge, derfür e chliini Zitigsnotiz über ds Hochzit vo mine verstorbenen Öutere vom Oktober vo 1962.

Dä Verwandt, won i gsuecht ha, isch drum sinerzit offebar Trouzüge gsi, was i gar nid gwüsst ha gha. Und won i auso si Namen im Google iigibe, ir Hoffnig, i fingi sini aktuelli Adrässe, het di Maschinen ir Töifi vom Netz öppis ganz angers gfunge, wo mi äbefaus interessant het ddünkt, ou wes nid das isch gsi, won i gsuecht ha.

Ds Internet isch wi mi Chäuer. I go i Chäuer, wöu i e Chrüzschrubezieher sueche. Und nächär fingen i zungerscht ir Wärchzüügchischte zwar ke Chrüzschrubezieher, aber derfür es wunderbars Späckmässer us em Südtiirou, won i einisch i de Ferie gchouft ha gha und won i scho lang aus definitiv verlore ha abgschribe gha.

Es passiert immer wider. Me suecht öppis und fingt öppis ganz angers. Aus Schueubueb han i einisch im Turnungerricht imne Waud müesse OL-Pöschte sueche. I ha di meischte Pöschte nid gfunge, derfür han i e Huufe riifi Brombeeri gfunge. Won i ändlech i ds Ziiu vo däm OL bi cho, isch ke Mönsch meh ume gsi. D Lehrer hei der Klapptisch am Ziiu scho verruumet gha. D Schueukollege si au zäme scho lang deheime gsi. Nume mis Velo isch einsam im Haubdunku gstange. I ha d OL-Charte uf e Gepäckträger gchlemmt und bi heigfahre. Deheime hei sech aui scho furchtbar Sorge gmacht gha. Won i so lang sig gsi? Worum dass i nid mit aunen angere hei sig? I heig doch en Uhr. I wüss doch, um weli Zit dass d Schueu fertig sig.

Wahrschiinlech hei si rächt gha. Mis Problem isch eifach gsi, dass i OL-Pöschte ha gsuecht gha, aber nächär Brombeeri ha gfunge. Und wöu i gmeint ha gha, bimnen OL dörf men erscht i ds Ziiu, we me sämtlechi Pöschte gfunge het, bin i Stunde z spät zu däm Waud us cho.

Wiso dass i druf bi cho? Eigetlech han i jo i dere Kolumne d Zugbegleiter, auso d Konduktöre vor SBB wöuen i Schutz näh. Si mache ds ganze Johr e wichtigi Büez und erfahre wenig Wärtschetzig. Vor paar Wuche hei si z Baden e Kolleg verlore. Aber statt dass me nach däm tragischen Unfau über stigende Leischtigsdruck und fählendi Wärtschetzig vom Bahnpersonau hätt gredt, drääit sech d Diskussion numen über d Schliesstechnik vomne bestimmte Typ Wagetüre.

Me suecht nach technischen Erklärige für dä Unfau, wo men eigetlech über Arbeitsbedingige und über di ständige Sparmassnahme müesst diskutiere. Ds Bahnpersonau suecht Verständnis, Troscht und Schutz. Aber si finge vüu Unverständnis und lääri Versprächige.

Zwöi Manne, zwöi Froue, zwöi Besserwüsser

Es isch nid so lang här, dass i mou uf der Redaktion vomne Bärner Regionauradio bi gsi. Dört hets bi de Sändeplätz überau so gäubi Post-it-Zedeli gha, wo druffe gstangen isch: «Zwe Manne, zwo Froue, zwöi Ching!» I ha gfrogt, was das bedüti, und e Redakter het mer gseit, das sig di korräkti Sprochregelig im Bärndütsche. «Zwe» bruuch me bi männleche, «zwo» bi wibleche und «zwöi» bi sächleche Begiffe. Vüu wüssi das nümm und mieches fautsch. De gäbs ständig Reklamatione vor Hörerschaft. Wäge däm heige si di Zedeli ufghänkt.

I ha de dört dä Redakter gfrogt, obs bi komisch tönende Germanisme, bi hochdütsche Konjunktionen ir Mundart, bi Neologisme, bi wit härghoutene Anglizisme oder bi fautsch aagwändete Zitforme ou Reklamatione vor Hörerschaft gäb. Nei, het dä Redakter gseit, Reklamatione gäbs eigetlech gäng nume, wen öpper das mit «zwe Manne, zwo Froue, zwöi Ching!» nid beherrschi.

Dä Bsuech bi däm Regionauradio han i scho fasch vergässe gha, wo mer chürzlech nach ere Läsig e Frou chunnt cho säge: «Es tuet mer leid, Herr Lenz, aber mir sägen im Bärndütschen immer no zwe Manne, zwo Froue, zwöi Ching!» Das sig doch tipptopp, han i gseit, und wiso dass ihre das leidtüeg. Das müess ere doch nid leidtue.

Es tüeg ere leid, das müesse z säge, aber i heig bi mire Läsig zwöi Mou ds Wort «zwöi» bruucht, won i «zwe» hätt müesse bruuche. Und das aus Mundartoutor! E Maa, wo ou grad ir Nöchi isch gsi, het di Frou ungerstützt und gseit, är heigs ou gmerkt, i bruuchi immer nume «zwöi» und nie «zwo» oder «zwe».

Zersch han i mi wöue rächtfertige, han i wöue säge, i heig äuä angers glehrt reden aus si. I mire Generation und i mim Dorf heig me di Ungerscheidige nid gmacht. Aber i ha nume resigniert gnickt und dene zwöi Besserwüsser schuudbewusst zueglächlet.

«Isch das jetz das, wo übrig blibt nach sibezg Minute vouer Konzentration uf ere Läsebüni? Isch das der blibend Iidruck, wo de mit dine Täggschte und mit dire Aawäseheit bi dim Publikum hesch chönne hingerlo?», han i mi säuber gfrogt.

Jede Tag ghöre mer im Radio und Fernseh Politiker, Schlagersänger oder angeri Schlaumeier, wo us der Mundart e bedütenderi Sproch wei mache mit erfungnige Zitforme («I wirden ir Mundart so lang ds Futurum bringe, bis öpperem wird uffaue, wi bbüudet dass i bi»). Aber ds Einzige, wo d Lüt ghöre, ds Einzige, wo si sicher aus fautsch erkennen und garantiert korrigiere, isch das mit de zwe Manne, zwo Froue, zwöi Ching!

En ukrainische Schriftstöuerkolleg het mer mou gseit: «Hüte dich vor Menschen, die drei Bücher gelesen haben!» Mit däm het er wöue säge, schlimmer aus die, wo nüt wüssi, sige die, wo fasch nüt wüssi, aber meini, aues z wüsse.

Vo verusse bis Outdoor

Jetz han i scho wider so nen Outdoor-Proschpäkt im Briefchaschte. Mi dünkts afe, es chiem jedi Wuche mindischtens ei Wärbeproschpäkt für irgendöppis, wo mit Outdoor z tüe het. Ohni dass is hätt wöue, bin i ungerdessen e richtigen Outdoor-Spezialischt. Es git zum Bispüu der «Scandinavian Outdoor Shop», dört cha me Fautboot, Zäutöfeli, Öulampe, Bieli oder süsch aues choufe, wo me bruucht, zum mit emne Padduböötli dür Skandinavie düre paddle. Überhoupt han i unzähligi Proschpäkte vo Sportgschäft und Reiseläde mit speziellen Outdoor-Abteilige. Gchouft han i no nie öppis, aber genau gstudiert han i jede vo dene Proschpäkte. Drum weiss i ou, was der Ungerschiid isch zwüsche normaler Ungerwösch und Outdoor-Ungerwösch: Outdoor-Ungerwösch git je nach Bedarf warm oder chaut. Normali Ungerwösch git weder warm no chaut.

Outdoor isch der Begriff vor Stung. Outdoor isch bi de Proschpäkte vermuetlech ds meischtverbreitete Wort überhoupt. We me nüt vor Sach verstiet, chönnt me vilecht meine, «outdoor» heissi eifach «verusse», und wen öpper us sire Wonig useloufi, de sig er verusse, auso outdoor. Aber das isch e komplett fautschi Vorstellig. Wär eso dänkt, isch no nie würklech outdoor gsi. Outdoor isch dört, wo immer es Füüürli brönnt. Outdoor isch dört, wo me nume mit em Vier-mou-Vier härechunnt. Outdoor isch dört, wos gäng chli nach Gölä und Trauffer schmöckt.

Outdoor het nume wenig mit däm z tüe, wo mir normale Spaziergänger unger «verusse» verstöh. Outdoor isch en Oberbegriff für aues, wo me cha choufen und verchoufe, wo zwar scho uf irgend en Art mit verusse z tüe het, aber gliichzitig imne Zämehang steit mit so sinnstiftende Begriffe wi Adventure oder Fun.

Es geit auso bim Begriff Outdoor einersits um Schue, Chleider, Wärchzüüg, Sportgrät, Gartemöbu und so witer. Aber angerersits loufe no lang nid aui Chleider oder aui Sportgrät oder aui Gartemöbu unger Outdoor. E Lounge für uf e Baukon het mit Outdoor nüt z tüe, aber es Klappstüeli, wo me bim Zäutle derbii het, isch hundert Prozänt Outdoor. E Rägejaggen us atmigsaktivem Hightechmateriau louft unger Outdoor, aber e dunkublaue Rägemantu, wo elegant isch und ou tipptopp gäge Räge schützt, geit nid unger Outdoor. E Schirm zöut nid zu Outdoor, e Rucksack cha zu Outdoor zöue, mues aber nid. Und Wanderschue zöue fasch immer zu Outdoor, ussert es sige ganz auti, läderigi Wanderschue us ere Zit, wos Outdoor aus Begriff no gar nid het ggä.

D Wärbig verbingt mit Outdoor e gsungi Hutfarb, e sportlechi Figur, e guete Luun und ewigi Jugend. I Outdoor-Proschpäkte si di meischtverbreitete Farbe Pink, Violett und so nes speziells Rot, en Art es Outdoor-Rot. Die, wo Outdoor verstöh, wüsse, was i meine.

Reschpäkt für d Gruppe «Dachs»

Z Sanggaue gits e Bänd, wo «Dachs» heisst. Di beide Musiker vo «Dachs», der Basil Kehl und der Lukas Senn, si beid zäme grossartig. Es git di Bänd scho länger und ir Musigszene kennt me se guet. Aber di breiti Masse het gloub no nid tschegget, dass do bi dere Bänd «Dachs» zwöi Giele am Komponieren und Täggschte si, wo eigetlech längschtens ganz wit ueche würde ghöre, auso zoberscht uf e Olymp vor gschiide Mundartmusig.

Musigtäggschte isch no rächt schwirig. Me cha bim Liederschriibe fasch meh fautsch aus richtig mache. Es git i aune Kulture lausigi Songs, aber me ghörts nie so guet wi ir eigete Sproch. Der Bewiis für di Thesen isch der ganz Huufe vo miserable Mundarttäggschte, wo jedes Johr i d Hitlischte chunnt. Es het ke Sinn, di einzelne Nämen ufzzöue. Es längt, we mer do feschthaute, dass di meischte hüttige Mundartpopbänds eifach kes Sprochgfüeu hei. Si murggsen ar Sproch ume, bis men entweder gar nümm wott hörelose oder bis es eim diräkt piinlech isch, us em gliiche Sprochruum z cho. Vo de Büezer- und Äuplerverchleidige wei mer jetz lieber gar nid aafo.

Genau drum wärs äbe wichtig, aui Lüt, wo Fröid a guete Songs hei, würde «Dachs» lehre kennc. Di Bursche hei zum Bispüu grad e Hymnen uf e Beat Breu gschribe und derzue es Video gmacht, wos eim chaut der Rüggen ablouft. I weiss scho, e Teil vor Läserschaft ghört jetz dohie der Name Beat Breu und wott reflexartig e Spruch oder e Witz mache. Der Beat Breu, isch das nid dä Komiker, wo auben im Boulevard chunnt, wöu nim wider irgendöppis misslungen isch oder wöu er nöime bschissen isch worde?

Nei, das isch äbe genau nid dä. Der Beat Breu isch eine vo de wenige Schwizer Velorennfahrer, wo ir Tour de France und im Giro d'Italia legendäri Bärgetappe het gwunne. Der Song «Beat Breu» vo «Dachs» stöut ds Beat-Breu-Büud wider uf d Füess. Di junge Bursche tüe nis dra erinnere, dass der Breu im Johr 1982 aus erschten und einzige Schwizer d Chönigsetappe vor Tour de France uf d Alpe d'Huez het gwunne. Wen eine so öppis gewünnt, isch er allei scho wäge däm so ne Legände, dass me nim aus angere chönnt dürelo. Der Song «Beat Breu» geit spilerisch uf öppis ii, wo üsi Zit vergisst und wo doch so wichtig wär: der Reschpäkt vor däm, was öpper gleischtet het.

Hütt forderet jede Primarschueu-Räpper für sich Reschpäkt ii. Jede Regionauzug-Macho, wo angeri aarämplet oder umepööblet, begründet sis Verhautc mit irgend somne Reschpäkt-Problem. «Mann, der anger het ke Reschpäkt gha!», säge si de, nachdäm dass si zuegschlage hei.

Aber was niemer vo au dene Reschpäkt-Prediger begriffe het, zeigt ds Duo «Dachs» mit Poesii und Synthesizer uf grandiosi Art: Reschpäkt muesch nid iifordere für di säuber. Reschpäkt tuesch angerne erwiise.

Es Proscht uf die, wo nis furt si gstorbe

Wen es Johr gli fertig isch, de chömen i de Zitschrifte d Johresrückblicke. De cha me no einisch nocheläse, wär im usloufende Johr Erfoug het gha, wär öppis Wichtigs gleischtet het und vor auem wär gstorben isch. Natürlech stöh nid i aune Zitschrifte di gliiche Lüt dinne. Es git zum Bispüu Berüemtheite, wo bi üs jedes Ching kennt, aber scho im Wäutsche si si komplett unbekannt. Und bi den Ufzählige vo dene, wo i de letschte zwöuf Monet gstorbe si, gits söttigi, wo mer bereits vermisse, und angeri, wo mer scho fasch vergässe hei, dass si i däm Johr hei müesse stärbe. «Aha, stimmt, dä hets jo ou no ggä!», dänke mer de vilecht. Oder bi angerne dänke mer: «Was? Isch dä ersch das Johr gstorbe? I hätt jetz gseit, es sig scho vüu länger här!»

Dass es Abläben immer es Datum het, das isch klar. Und dass men am Änd vomne Johr a die dänkt, wo im beträffende Johr si gstorbe, dünkt mi äbefaus klar. Was mer aber nid ganz klar isch, isch d Frog, was das mit eim macht. Je öuter dass mer wärde, desto meh Johresändi hei mer erläbt. Je öuter dass mer wärde, desto meh Johresrückblicke hei mer gläse. Je öuter dass mer wärde, desto meh Todesfäu hei mer zur Kenntnis müesse näh.

Irgendeinisch chunnt es Auter, wo men aus Mönsch uf doro Wäut meh Toti aus Läbigi kennt. Das isch de li Regu ou es Zeiche derfür, dass me säuber gli mues go. So lang wi men aber no läbt, het me theoretisch d Möglechkeit, au dene vile Mönsche z gedänke, wo i däm

Johr hei müesse go. Ds Verruckten isch nume, dass me vor luter berüemte Tote, wo eim i de Zitschrifte begägne, mängisch fasch die Tote vergisst, wo würklech zu eim hei ghört. I ha jo persönlech nüt gäge – säge mer mou – e Karl Lagerfeld oder e Doris Day, aber si si mer gliich nie so nöch gsi, dass i ihres Abläbe müesst go betruure. Mini Verstorbene hingäge, auso die, won i würklech öppis mit ne ha z tüe gha, die vergissen i vilecht ender aus e Karl Lagerfeld oder e Doris Day, wöu si nie uf sonere Promilischte abddruckt si gsi.

Mit den eigete Tote isch es ähnlech wi mit den eigete Fründe: Bi den einte vergisst me der Todestag, bi den angere der Geburtstag. Und we me ds Datum nid vergisst, de vergisst me ds Johr. Wird der Göttibueb im Oktober drizähni oder vierzähni? Me weiss es nümm. Me weiss nume no, dass er im gliiche Herbscht uf d Wäut isch cho, wo der Vatter isch gstorbe. Aber i welem Herbscht isch das gsi?

We ds aute Johr usglütet isch und ds nöie Johr iiglütet wird, wott i das Mou wider einisch a mini Tote dänke, a die, wo chürzlech si ggange, und a die, wo scho länger wägg si. Nid dass i wäge däm di Läbige wett vergässe. Aber di Läbige chöi sech zur Not säuber i Erinnerig rüefe. Di Tote hingäge hei nume grad üsi Erinnerig, zum presänt bliibe.

Darf me scho gli nüt meh säge?

Immer wider begägnet men am Satz: «Me darf jo afe nüt meh säge!» I lise dä Satz i Kommentär, i ghöre dä Satz im Zug, ir Beiz, ar Bushautstöu und ir Politik. «Me darf jo afe nüt meh säge!», säge d Lüt, we ne vilecht öpper seit, dä Witz oder dise Spruch sig nid so luschtig, wöu er für gwüssi Lüt verletzend chönnt si.

Chürzlech stohn i mit em Outo ar Ample. Ds Outo vor mir isch so ne tjuunete Sportwage mit vier Uspüff und Heckspoiler. Der Fahrer het nüt gseit. Är het nume chli der Motor lo ufhüüle. Und de gsehn i am Heck vom Sportwagen e Chläber, wo druffe steit: «Fuck you, Greta!»

I bi zu nünenüünzg Prozänt sicher, was der Fahrer vo däm Sportwage würd säge, we me ne würd froge, worum dass er dä Chläber am Outo heig. Är würd säge: «Darf me de afe nüt meh säge?» Das isch drum ds Uffäuigen am Ussagesatz «Me darf jo afe nüt meh säge!» oder ar rhetorische Frog «Darf me de nüt meh säge?»: D Lüt, wo das säge, säge ständig, was si wei und wi sis wei. Si säge, me dörf afe nüt meh säge, und im nöchschte Satz säge si Züüg wi «Fuck you, Greta!». Si liire ständig irgendöppis, flueche, gränne, stürme, motze, schimpfen und jammeren über e Zitgeischt und über d Unfreiheit. Und de betone si gliichzitig, me dörf afe nüt meh säge. Das isch, wi we sech eine der ganz Tag und di haubi Nacht würd betrinken und sech bi jedem Schluck würd drüber beklage, dass me nümm dörf trinke.

Vor Johre bin i mou so fahrlässig gsi, ir Gägewart vomne Ching es unaaständigs Wort z bruuche. Das Ching het das ghört und het mis unaaständige Wort nächär ständig widerhout, zum sech vo sinen Outere lo bestätige, dass me so nes Wort doch nid dörf säge. «Gäu, Mama, Schofsecku seit me nid? Gäu, Papa, Schofsecku seit me nid? Der Maa het Schofsecku gseit! Worum seit er Schofsecku, wen er doch sött wüsse, dass me Schofsecku nid seit?» Es isch am Ching scho lang nümm drum ggange, uf sini Frogen Antworte z übercho. Es het nim eifach Fröid gmacht, chli unaaständig z rede.

Di Lüt, wo gäng jammere, me dörf afe nüt meh säge, si wi das Ching, wo so gärn es gruusigs Wort zitiert. Es tuet ne guet, we si unaaständigi, unpassendi oder beleidigendi Sache chöi uselo. Und si maches ou, immer und bi jeder Glägeheit. Si mache gruusigi Witzen über Randgruppen und zotigi Sprüch über Froue. Und wes mues si, tüe si sogar e Chläber a ds Outo, wo «Fuck you, Greta!» druffe steit, zum der ganze Wäut bewiise, dass si witerhin wei sägen und wei mache, was si gäng scho gmacht hei, nämlech hetze. Und der Witz isch, dass sis sowiso mache. Si spile sech aus Opfer vor politische Korrektheit uuf, wi we si sech numen einisch e Minute Zit hätte gno, über politisch korräkts Verhaute nochezdänke. Aber si hei gar ke Zit zum dänke, si bruuche d Zit lieber, zum ihres Sätzli säge: «Me darf jo afe nüt meh säge!»

Es si nume Buechstabe

De bin i ei Tag ir Isebahn ghocket, nid wit vor Türe, wo ne Maa dür e Zug louft. Es isch e chräftige Maa gsi, auso e muskulöse Typ, wott i säge. Är hets pressant gha. De het dä Maa wöue d Türen ufmache, zum i vorder Wage fürego. Aber wöu di Türe mit Liechtschranke funktioniert und dä Typ offebar auzu schnäu a di Türen isch häregloufe, isch si nid ufggange. Der Maa het di Türe mit auer Gwaut ufgschrissen und tatsächlech het si sech e Spaut breit lo ufdrücke, so dass er sech mit Müe het chönne düreträwänge. Wäri der Maa numen e haube Schritt zrügggstange, de wär d Türe vo säuber uuf. Aber ganz offesichtlech het er das nid gwüsst. Süsch hätt er nid derewä müesse murggse.

Guet, es wär aagschribe gsi, und zwar i nid weniger aus vier Sproche. «Automatische Türe», «Porte automatique», «Porta automatica», «Automatic door». Aber für was läse, wes ou angers geit? Der Maa wird ddänkt ha: «Göt mer wägg mit Buechstabe! Für öppis han i Muskle. Mit Chraft cha me mängs Problem löse, der Räschte geit mi nüt aa!»

Das chliinen Erläbnis zeigt öppis, wo mer i letschter Zit scho meh isch ufgfaue. Buechstabe schiine vüu Lüt nümm gross z interessiere. De han i zum Bispüu einisch amne Kiosk nach em «Bund» gfrogt. Was das sig, het d Verchöifere gfrogt. «Der Bund», verstöht der, d Tageszitig «Der Bund». «Der Bund?», das säg ihre jetz gar nüt, het si gseit. E Tageszitig, han i no einisch gseit, es sig e Zitig, und e Zitig, das sige so Papiirböge, wo me Buechstabe druf ddruckt heig. Me säg denen ufddruckte Buechstabe ou Schrift. Di Frou vom Kiosk het mi aagluegt, wi wen i öppis Unaaständigs hätt gseit, und het e chli Heftli sortiert. Meh nach Farbe aus nach Inhaut, hets mi ddünkt.

Wenig spöter chumen i amne Kafioutomat verbii, wo nes Schüud dranne hanget, wo druffe steit: «Ausser Betrieb!» E junge Bursch het a däm Outomat grüttlet und gfluechet und dra gschuttet. Was er heig, han i ne gfrogt. Är heig drü Stutz abeglo, aber es chöm nüt use, ke Kafi und ds Gäud ou nümm. Vilecht sig der Outomat kabutt, han i gseit. Möglecherwiis heige si wäge däm das Schüud draghänkt, wo druffe stöng: «Ausser Betrieb!» Es chöm nid säute vor, dass men öppis aaschribt, wöus stimmt. Der Bursch het mer nid zueglost, het nume witergrüttlet und gseit, di Outomatebetriiber sigen aus zäme Bandite.

Am gliichen Oobe lisen i ire Zitig e fetti Schlagzile: «Messehalle mit 70 Tonnen Teer einbetoniert.» Mit gliicher Logik hätts ou chönne heisse, di Halle sig mit 70 Tonne Beton zueteeret worde. Es isch jo ou fasch ds Gliiche, ob öpper us 70 Kilo Eier Härdöpfustock macht oder ob öpper mit 70 Kilo Härdöpfu Rüerei zuebereitet. Wes niemer list, mues es ou nid schlüssig si. Es isch aues nid so wichtig. Es si jo nume Buechstabe.

Zämerücke mit Abstang

Der Virus sorget für komplett nöji Empfindige. Mir müesse Abstang ha, sötte luege, dass mer nid z nöch binang hocke, aber gliichzitig müesse mer zämeha und zämerücken im übertreite Sinn. Zum Bispüu zu de Grossöutere luege heisst gägewärtig, derfür z luege, dass si nid zu de Ching müesse luege.

We d Flugzüüg am Bode bliiben und me nume no denn use sött, wes unbedingt nötig isch, cha me vor de Problem nümm dervoloufe. Me mues mou amnen Ort verwiile, was eim fasch zwangslöifig zum Nochedänke bewegt. Je änger dass üse Würkigskreis wird, je weniger dass mer unger d Lüt chöi, desto meh müesse mer a d Lüt dänke. Mir müesse planen und überlegen und mitenang kommuniziere.

Bi mir si zum Bispüu sämtlechi Uftritten abgseit, auso bin i mit de Veraastauter und de Künschtlerkollege im ständigen Ustuusch. Wi geits witer? Wi tüe mer d Zit überbrücke? Wi plane mer d Zit nach em Virus? Wenn fot d Zit nach em Virus überhoupt aa?

Mir, wo no chöi, schaffe jetz vo deheimen uus. I nütze ds Früeligswätter, zum mit em Computer uf d Terrasse hocke. Währenddäm dass i di Kolumne schriibe, frogt mi di einti Nochbere, ob mer öppis us em Lade bruuche, si göng drum grad go iichoufe. En angeri Nochbere frogt über e Gartehag, ob mer nis gägesitig chöi d Ching hüete. Normalerwiis luege fasch aui für sich, aber jetz luege fasch aui fürenang.

Ds Spezielle a dere Situation isch, dass me grad zur Sach cha cho. Der Virus isch es Problem, wo aui betrifft, drum mues me nang ds Problem nümm erkläre. Es isch nid wi bi private Problem, wo me zersch aune mues klarmache, dass me nes Problem het, und nächär no mues beschriibe, was für eis. Im Momänt isch aunen aues klar. D Angscht und d Sorge si schön demokratisch verteilt.

Die, wo immer e dumme Latz hei, häbe natürlech ou jetz wider e dumme Latz, aber immerhin mit umkehrte Vorzeiche: Vor em Virus hei di ewige Motzer gseit, d Classe politique sig vüu z mächtig, heig vüu z vüu Entscheidigskompetänz und es sig höchschti Zit, dass ds Vouk meh uf diräktdemokratischem Wäg chöng entscheide. Jetz säge di genau gliiche Motzer, d Regierig sig z langsam, entscheidi z zaghaft, der Kantönligeischt sig es Problem, es bruuchi dringend e starchi Regierig, wo schnäu und konsequänt entscheidi.

Öppis hei di ewige Motzer, im Ungerschiid zu de meischte Lüt im Land, no nid begriffe: Jetz geits grad nümm um rächts und linggs. Jctz gcits grad nümm drum, ob me für oder gäge di Bilaterale, für oder gäge d Regierig isch.

Jetz geits drum, dass mer zämerücke. Es bruucht es geischtigs Zämerücke, es Zämerücke mit em nötige hygienische Sicherheitsabstang, aber ohni Barrieren im Chopf. Mir müesse d Häng guet wäsche, aber mir sötte d Häng nid i Unschuud wäsche.

E Mischig zwüsche Schiessen und Sex

Vilecht wott i hundert Johr öpper imne Gschichtsbuech nocheluege, was im Früelig 2020 ir Schwiz isch los gsi. Wahrschiinlech steit de dört i däm Gschichtsbuech öppis über das Covid-19-Virus und drüber, dass d Regierig de Lüt im März 2020 het gseit, si söue we möglech deheime bliibe.

Faus das Kapitu über e Früelig 2020 i däm Gschichtsbuech vo Hischtorikerinnen und Hischtoriker gschribe wird, wo sech für ds Verhaute vor Gsöuschaft interessiere, de darf en Abschnitt über ds Kärchere nid fähle. Kärchere isch e Tätigkeit, wos früecher gar nid het ggä und wos i hundert Johr möglecherwiis ou nümm git. Aber gägewärtig isch Kärchere für d Bevöukerig so wichtig wi d Häng wäschen oder Abstang haute.

Es isch verständlech, d Mönsche müesse deheime bliibe, irgendeinisch isch deheimen aus ufgruumet, wo me cha ufruume. Ds Outo isch gwäsche. Ds wüchetleche Joggingpänsum isch abgspuelet. Was me i der Familie z bespräche het gha, isch besproche. Für vüu Lüt chunnt jetz der Momänt, wo me müesst düredrääje, wo me Gwautfantasien entwicklet und Müe het, d Beherrschig nid z verlüüre. Zum guete Glück cha me no kärchere!

Der Kärcher isch churz erklärt für die, wos nid kenne, es Grät, wo eim erlaubt, Wasser mit Hochdruck us ere Düsen usezsprütze. Dere Tätigkeit seit men im Vouksmund kärchere. Me cha d Garteplatte kärchere,

50

de wärde si eventuell suber, aber derfür löst sech drunger d Sandschicht, so dass si aafö waggele. Me cha d Fassade kärchere, de wird si eventuell suber, aber derfür blättere Bitze vom Verputz ab. Me cha ds Dach kärchere, de wirds eventuell suber, aber derfür wirds undicht. Me cha d Gartemöbu kärchere, de wärde si je nach Materiau schön oder wüescht. Me cha d Fänschterläde kärchere, de geit beides wägg, der Dräck und d Farb. Churz gseit, me cha aues kärchere, es bringt im Schnitt meh Schaden aus Nutze, aber de Mönsche tuets offesichtlech guet.

Allei das Gfüeu, dass me gwöhnlechs Wasser mit so ungloublech höchem Druck zure Düsen us cha sprütze, git eim es Gfüeu vo Vitaliät und Chraft. Kärchere isch offebar für vüu Mönschen en ideali Mischig zwüsche Schiessen und Sex. Es git e chliine Rückstoss wi bim Sturmgwehr und es entspannt. Uf em Netz louft aube so nes Wärbefüumli, wo der chriegerisch und der erotisch Aschpäkt vom Kärchere ungerstriicht.

Wen i umeluege, was gägewärtig i miren Umgäbig aucs kärcheret wird, de bin i ungloublech froh um di Grät. I wott mer gar nid wöue vorstöue, was di sublimierti Gwaut, wo us dere Wasserdüsen usechunnt, im Autag aues chönnt aarichte, wes der Kärcher nid gub.

Drum sägen is jo, i de Gschichtsbüecher vor Zuekunft müesst der Kärcher und ds Kärchere unbedingt lobend erwähnt wärde.

Nuu Komma wenig Prozänt

Di Wuche het mer wider einisch eine wöue vorrächne, wi wenig Corona-Toti dass mer ir Schwiz heige und wi vüu Iischränkigen und wi vüu Choschte dass es gäb wäge dene Nuu-Komma-weiss-nid-wi-wenig-Prozänt, wo tatsächlech stärbi. Das sig jo zahlemässig nüt, sig numen e fertige Verhäutnisblödsinn, het er gseit. Derzue chöm de no, dass jo di meischte vo dene Todesopfer sowiso ir nöchschte Zit wäre gstorbe, wöu si im Durchschnitt über achtzgi sige.

Das sig wahrschiinlech aus zäme mathematisch richtig, han i zue nim gseit, aber är miech gliich e Dänkfähler. Der Dänkfähler sig nämlech, dass er meini, är chöng mit Prozäntzahle argumentiere, wos um Einzuschicksau göng. Und das mit de Prozäntzahle funktioniri äbe meischtens am beschte bi aunen angere, aber säute bi dene, wo säuber vo Chrankheit und Tod Betroffeni sige.

Was i mit däm wöu säge, het er mi gfrogt.

I ha nim gseit, mir müess er nüt cho vorrächne, i heig persönlech niemer a Corona verlore. Und wi vüu Prozänt vo öppen achtehaub Millionen Iiwohner dass öppe zwöituusig Toti sige, das chöng i no grad knapp säuber usrächne. Aber är söu mit der Argumäntation vo de Nuu-Komma-weiss-nid-wi-wenig Prozänt nid zu mir cho. Är söu zu dene go, wo are Lungemaschine nach Luft schnappe. Är söu dene go erkläre, si sige nid bungers relevant, wöu si sowiso scho nes gwüsses Auter oder e Vorerchrankig heige. Är söu dene, wo nach Luft schnappe, go vorrächne, wi ungloublech wenig dass si eigetlech sige, we mes i Prozänt rächni. Är söu dene, wo nach Luft schnappe, go vorrächne, wi vüu Choschte dass jede vo ihne verursachi, i Franke, Rappen und Prozänt grächnet.

Nächär, wen ers de Chranke suber vorgrächnet heig, söu er zu denen ihrnen Aaghörige. De söu er di Aaghörige vo dene Covid-Patiänte, wo scho gstorbe sigen oder wo no im Stärbe ligi, vouquatsche. Är söu zu denen Aaghörige, wo ihri todchranken Aaghörige wäge der Aasteckigsgfahr mängisch nid emou am Stärbebett dörfi bsueche. De söu er dene go vorrächne, wi lächerlech wenig dass ihri chranken Aaghörige zahlemässig sige, i Prozänt grächnet. Är söu denen Aaghörige go vorrächne, wi ungloublech wenig dass ou si säuber sige, verglich mit au dene vilen Aaghörige vo Lüt, wo tipptopp gsung sige.

Und wen er das aues vorgrächnet heig, chöng er de Betroffenen und den Aaghörige vo Betroffene vilecht no vorrächne, was mir aus Land für Unchoschte heige wäge dene Nuu-Komma-weiss-nid-wi-wenig-Prozänt.

Und ganz zletscht, wen er aunen aues vorgrächnet heig, chöng er de no froge, ob di töife Prozäntzahle irgendöpperem e Troscht bim Stärben oder e Troscht bim Alleisii sige. Är söu froge, ob ds Wüsse, dass nume nuu Komma wenig Prozänt stärbi, di Stärbende tröschti.

D Reklame vo früecher

Letscht Wuche han i im Chäuer es Gstöu wöue montiere. Für das han i mit der Bohrmaschine es paar Löcher müessen i d Betonmuur inebohre. Das het zääch gha, sehr zääch, wahnsinnig zääch. Mini Bohrmaschinen isch aut. Der Bohrhammer tuet nümm rächt. Ussertdäm isch di Betonmuur so starch armiert, dass me fasch scho zfride sött si, we men ab und zue mou kes Armierigsise verwütscht.

Aber i wott mi nid beklage. Di Bohrerei het ou sis Schöne. We me so meditativs Züüg macht, wi Löcher i ne Wang inebohre, cha me gäbig e chli den eigete Gedanke nochehange. Bohren isch öppis Ähnlechs wi Yoga, aber ohni Schuumgummimatte.

De han i auso di Löcher bbohret, ha gschwitzt, gmurggset, gfluechet und de isch mer di ganzi Zit e Fernsehwärbig us mire Chindheit i Sinn cho. Es isch d Reklame für ne Bohrmaschine gsi und der Wärbespruch het gheisse: «Da wird Beton zu Butter.» I ha mi gfrogt, wäm ächt dä Spruch isch i Sinn cho und wiso dass me mängisch so nen einzelne Wärbespruch vo ganz früecher johrzähntelang im Chopf cha bhaute. Beton wird zu Anke? Tröimet witer, dir Wärbeseppe. Es stimmt nie, aber es tönt guet.

Öppis Ähnlechs passiert mer mängisch bim Wäsche. I nime d Wösch us der Maschine, irgend es Liibli oder es Nastuech isch nid rächt suber worden und mir chunnt en urauti Fernsehreklamen i Sinn, wos vomne Wöschmittu het gheisse: «… wäscht nicht nur sauber, sondern rein.» Rein müesstis wäge mir jo gar nid si, suber würd mer scho länge, aber mis Wöschmittu wäscht nid emou suber, obwous genau das Produkt isch, wo gemäss den aute Reklame suber und rein sött wäsche.

D Wärbig vo früecher het no richtig us em Voue dörfe schöpfe, spektakulärs Züüg bhoupten und waghausig plagiere. Ou wes gar nid het gstumme, hei si chönne verzöue, e Bohrer göng dür Beton wi dür Anke und es Wöschmittu bring jede Dräck us der Wösch. Es isch denn nid wohr gsi und es isch hütt nid wohr. Aber me hets verzöut, wöus d Lüt hei wöue gloube. Hütt gits der Konsumänteschutz, wo derfür sorget, dass men ou ir Wärbig nümm irgendöppis darf bhoupte. Vüu Lüt si ungerdesse wahnsinnig heiku worde, was das betrifft. Si näh d Wohrheit i Konsumäntetheme todärnscht. Derfür näh si vüu angeri Theme, wo früecher no mit Wohrheit si verchnüpft gsi, hütt nümm ganz gliich ärnscht, Gross- und Chliinschribig zum Bispüu oder d Tagesschou.

Wahrschiinlcch isch d Reklame früecher nöcher ar Literatur gsi und hütt isch si nöcher ar Wohrheit. Ds Interessanten isch auerdings, dass eim das, wo ender literarisch isch gsi, zum Bispüu das mit em Beton, wo zu Anke wird, vüu besser i Erinnerig blibt aus das, wo vilecht wohr isch. Oder chönnt grad öpper us em Stägreif der Inhaut vore Bohrmaschine-Wärbig vor Gägewart verzöue?

Der Zwäck vo den Elefante

Was a dere Pandemii uffaut, isch unger angerem das abschtruse Haubwüsse, wo töu Lüt verbreite. Mir si sowiso scho ire Zit, wo vüu behouptet und wenig beleit wird. Aber jetz mit däm Virus loufts erscht rächt rund. Uffäuig vüu Lüt, wo kei Ahnig vo nüt hei, meine, si sige wüsseschaftlech uf der Höchi. Und vo dene, wo meine, si sige wüsseschaftlech uf der Höchi, hei widerum vüu ds Gfüeu, si müessi eim ständig belehre.

En ukrainische Fründ seit aube, är heig nid Angscht vor dene, wo überhoupt nie nüt gläse heige. Die, wo nüt gläse heige, sigen ir Regu harmlos, wöu si meischtens ou nüt sägi. Gfährlech dünki ne de hingäge die, wo drü Büecher heige gläse. Wär drü Büecher heig gläse, meini aues z wüsse, seit mi ukrainisch Fründ. Derbii föng men erscht nach drü mou drühundert Büecher aa merke, dass men eigetlech gar nüt wüss.

I bi druf cho, wöu mer erscht grad wider eine verzöut het, är heigi gläse, der Corona-Virus sig vor chemische Induschtrii ungers Vouk bbrocht worde, für dass me nes wäutwits Impfobligatorium chöng iifüere. Si heige scho nen Impfstoff gäge dä Virus entwicklet gha, bevor dass d Pandemii sig usbbroche. Aber si gäbi ne no nid use. Erscht wen aui räschtlos gnueg heige vo däm Virus, chiemo si mit däm Impfstoff use. De göngs nume no drum, der wäutwit Impfzwang politisch dürezsetze, für dass di chemischi Induschtrii, zäme mit es paar Userwäute, di ganzi Wäut chöng beherrsche.

«Wo hesch das gläse?», han i dä Typ gfrogt. Är wüssis nümm, het er gseit, vilecht heig ers ou nume ghört.

Ob ghört oder gläse, es het mi öppen ähnlech logisch ddünkt wi di Sach mit den Elefante. I bi nämlech vor nes paar Tag mit em Bueb i ds Naturhistorische Museum. Är het aues wöue wüsse, zum Bispüu ou, worum dass ire Vitrine Klaviertaschte usgstöut sige. Si zeigi i dere Vitrine verschideni Sache, wo me mit de Stosszähn vo den Elefante chöng mache, zum Bispüu äbe Klaviertaschte.

«Aha!», het der Chliin nume gseit und i ha gmeint, är heigs nid rächt ufgno. Aber es paar Tag spöter, wo nim d Mueter es Büechli het verzöut, wo Elefante si drinn vorcho, het er gseit: «Weisch, für was bruuchts d Elefante?» Und wo d Mueter gseit het, si wüssis nid, het är gseit: «Us den Elefante macht me Klavier!»

I ha natürlech chli müesse schmunzle, aber i ha ou gwüsst, dass es mi Fähler isch, dass der Bueb so ne Seich verzöut. I hätt nim nüt über Öufebei söue sägen oder de grad aues. Aber so ne haubi Information wi die, dass men us dc Stosszähn vo den Elefante chöng Klaviertaschte mache, het sis Chöpfli dürenang bbrocht. Der Bueb meint jetz, är wüssi aues über Klavier und aues über Elefante. Fasch so wi der anger, wo meint, är wüssi aues über Impfigen und aues über d Wäutherrschaft.

Über Frisuren und Gschichtsungerricht

Won ig no nen Ungerstuefeschüeler bi gsi, si mir Bueben im Dorf nid so gärn zum Coiffeur. Das het verschideni Gründ gha. Ei Grund isch gsi, dass d Coiffeure denn aube di chliine Buebe nid gfrogt hei, wi si d Frisur gärn hätte. Si hei meischtens eifach mou Tabula rasa gmacht. Am angere Tag isch men i d Schueu und aui hei eim usglachet.

Wen ig der Coiffeurbsuech aube lang gnueg ha chönnen usestüdele, de hei mer di Erwachsene normalerwiis gseit: «Ii, was hesch de du afe für ne Frisur! Du gsehsch jo scho us wi ne Beatle!» Das hätt mer wahrschiinlech söue z dänke gä. Aber i ha denn mit sibni oder achti nid so genau gwüsst, wär d Beatles si. I ha nume gwüsst, dass is nid gärn ha, we der Coiffeur eim vom Äcke bis haub zum Chopf ufen aus abrasiert und nume grad zoberscht oben uf em Chopf chli längeri Hoor lot lo stoh. De han i aube lieber Usrede gsuecht, zum nid zum Coiffeur müesse go, und has lieber i Chouf gno, aus Beatle verspottet z wärde.

Mine Schuekollegen isch es kes bitzeli besser ggange. Aui, wo lang nid bim Coiffeur si gsi, hei sech müessen aalose, si gsächen afen us wi ne Beatle. Und usgseh wi ne Beatle, das isch i dere Zit und i mim Dorf aus angeren aus es Komplimänt gsi. Usgseh wi ne Beatle isch ender öppis wi ne Charakterfähler gsi.

Hütt gits das Problem nümme. Erschtens heis di Junge hütt offesichtlech gärn, we me ne der ganz Äcke bis weiss nid wi wit ufen abrasiert. Das isch gross en vogue. Und zwöitens tüe di Aute de Junge nümm ungfrogt d Frisure kommentiere.

Jetz chönnt men aanäh, das sig e Fortschritt und me chöng froh si, dass di Aute de Junge weniger drirede. Aber so sicher bin i ou nid. Wöu letscht Wuchen isch amne Nomittag e Schuttmätsch im Fernseh cho und de het der eint Spiler vom einte Club – i säge jetz höflechkeitshauber nid wele Spiler und wele Club – e Frisur gha, wo eis zu eis hoorgenau gliich isch gsi wi d Frisur vom Adolf Hitler, auso der Äcke rächt wit uferasiert und obe e subere Sitescheitu.

Amnen aute Kolleg, wo mit mir im Fernseh dä Mätsch het gluegt, isch es ou ufgfaue. «Neeeeei, jetz lueg einisch dä Hitler dört aa!», het er gseit. «Hei die ir Schueu eigetlech ke Gschichtsungerricht meh? Oder wiso lö sech die d Hoor eso lo schniide?»

«Wöu ne niemer meh öppis seit!», han ig zum Kolleg gseit. Wo mir Buebe sige gsi, heigen aube d Lüt no gschumpfe mit nis und gseit, mir gsächen uus wi d Beatles.

«Hets öppis gnützt?», het der Kolleg gfrogt. «Hesch d Frisur gänderet, we der irgendöpper ungfrogt het gseit, du gsächsch us wi ne Beatle?»

«Nei, sicher nid!», han i am Kolleg gseit. Aber är müess doch säuber ou zuegä, dass es zwüsche de Beatles und em Hitler no ne historischen Ungerschiid gäb.

Vo bbrochnem und vo höchem Dütsch

Won ig no i d Primarschueu bi, si mi mängisch am Morgen acht oder zäh Kollege deheime cho abhole für i d Schueu. De isch e Truube vo Ching vor üsere Türe gstangen und au zäme hei ghoffet, mini Mueter chöm cho ufmache und säg nen öppis. Mini Mueter isch sehr lieb gsi zu den angere Ching, aber d Ching hei nid wäge däm uf mini Mueter gwartet. Si hei uf se gwartet, wöu sis luschtig hei gfunge, ihrem komische Dütsch zuezlose.

Mini Mueter het ke Schwizerdütsch chönne. Das isch denn, Aafangs vo de Sibezgerjohr, ender e Rarität gsi. Am Hochdütsch, wo si aube versuecht het, het me gseit «bbrochnigs Dütsch». Aus Ching han i mängen Erwachsene ghört säge, mini Mueter redi bbroche Dütsch oder si bruuchi es bbrochnigs Dütsch. Bis hütt weiss i nid, wohär di Bezeichnig «bbrochnigs Dütsch» eigetlech chunnt. Derfür weiss i no, win i mer aus Ching vorgstöut ha, a de dütsche Wörter vo mire Mueter sige Teili verbrochen oder usebbroche. Und tatsächlich het si mängisch en Ändig abbroche gha oder es Wort are Stöu ungerbroche, wo mes nid müesst ungerbräche. Si het aues i auem würklech zimlech es bbrochnigs Verhäutnis zur dütsche Sproch gha.

Es paar Johr spöter, auso gäge ds Ändi vo de Sibezgerjohr, isch mer dä Usdruck «bbrochnigs Dütsch» immer hüüfiger ou im Fernseh begägnet. Bi dere Fahndigssändig «Aktenzeichen XY ungelöst», wo denn fasch i aune Hushautige gluegt isch worde, hets bi vüune vo de gsuechte Verbrächer gheisse: «Er spricht gebrochen Deutsch.» Vo denn aa han i d Bezeichnig «bbrochnigs Dütsch» nümm numen imne Zämehang mit mire Mueter verstange, sondern ou imne Zämehang mit Gouner und Verbrächer.

Ungerdessen isch mini Mueter scho lang im Himu, aber si het do unge no ne chliinen Änku, wo nid weiss, was bbrochnigs Dütsch isch. Für ihn gits nume Bärndütsch oder Hochdütsch. Mit Bärndütsch meint er jedes Dütsch, won er guet versteit. Mit Hochdütsch meint er aues angere. List me nim es Buech uf Hochdütsch vor, seit er, nei, är wöu nid Hochdütsch, är wöu Bärndütsch. Fingt er aber d Värsli imne hochdütsche Buech guet verständlech oder sogar luschtig, de behouptet er, si sige Bärndütsch.

We der chliin Bueb öpper ghört rede, wo bbrochnigs Dütsch redt, de isch für ihn sunneklar, dass das, wo dä anger redt, Hochdütsch mues si. Drum si für e Chliin aui, wo nid akzäntfrei Schwizerdütsch rede, outomatisch Hochdütschi. Und wöu so nes chliises Hirni gärn diräkt vom Einzufau zur augemeine Erkenntnis chunnt und är einisch en Afrikaner het ghört bbrochnigs Dütsch rede, isch der Bueb ou überzügt dervo, dass aui Afrikaner Hochdütschi si.

Es git natürlech ou Erwachseni, wo gärn us em einzige Fau, wo si kenne, en augemeini Wiisheit ableite. Aber bi dene nützt Värsli vorläse wahrschiinlech nüt meh.

Verpackig und Inhaut

Spötischtens sit der Erfindig vo de sogenannten Influencer läbe mer ire Wäut, wo d Verpackig wichtiger isch aus der Inhaut. I minere Wohnnähmig si di meischten Influencerinnen und Influencer bekannt derfür, dass me nid so genau weiss, für was dass si bekannt si. Es het gar ke Sinn dere Frog nochezgo. Influencer isch hütt e Bruefsbezeichnig wi Buechhauter oder Chindergärtnere.

Influencer heisst uf Dütsch Beiiflusser, en Influencer isch auso e Mönsch, wo angeri beiiflusst. Mit was für Inhaute, Leischtige, Fähigkeite oder Strategie dass der Influencer Iifluss uf angeri Lüt nimmt, interessiert niemer. Wichtig isch nume, dass me cha nochewiise, dass en Iifluss vorhanden isch.

Der Iifluss vomne Influencer isch mässbar. Für z wüsse, wi vüu Iifluss dass en Influencer het, mues me nume d Aazau vo sine Follower kenne. D Follower si die, wo amne Influencer fouge, auso öppis wi d Jünger vom Influencer. Der Heiland het zu Läbzite bekanntlech zwöuf Jünger gha. Mit däm chönnt er hütt unmöglech Influencer wärde, zwöuf Follower längt scho lang niene meh häre, ungerdesse mues men aus Influencer Hunderttuusigi vo Follower ha, zum öppis bedüte.

I üsere Wäut isch der Mönsch d Verpackig und das, won er leischtet, isch der Inhaut. Und wöu der Inhaut nümm so wichtig isch wi d Verpackig, isch es ou immer weniger wichtig, was öpper genau macht. I gibe nech es Bispüu: Chürzlech het mi e Frou aagsprochen und gseit, si kenni mi, si wüss leider grad nümm vo wo, aber i chiem ere sehr bekannt vor. Ob i Schouspiler sig, ob i ire Reklame vorchöm? Nei, i tüeg schriibe, han i dere Frou gseit. «Ah jo, genau!», het si gseit. «Jetz chunnts mer i Sinn, dir sit doch dä, wo das Buech vo dere Bar het gschribe! Super!»

I heig kes Buech vore Bar gschribe, han i versuecht z berichtige, aber es isch sinnlos gsi. Di Frou het nid zueglost und i ha sofort gmerkt, dass es ke Roue spüut. Für di Frou isch es eifach wichtig gsi, dass si mi kennt, dass ig ihre bekannt vorchume. Es het sen offesichtlech gfröit, öpperem z begägne, wo i ihrnen Ougen öffentlech bekannt isch, wäg was bekannt, het se nid interessiert. «Lueg, Serge, kennsch dä Maa? Mou, du kennsch ne, dä het das Buech vo dere Bar gschribe!», het si ihrem Maa gseit und dä het gnickt und gseit, är heig mi ou scho gseh. I ha de nüt meh dementiert und bi witer.

Würde hunderttuusig Lüt gloube, i sig dä, wo nes Buech vore Bar het gschribe, de wär i en Influencer, ganz unabhängig dervo, ob i es Buech vore Bar hätt gschriben oder nid. I wär de wahrschiinlech am Aafang eifach der Influencer vo däm Buech vor Bar und spöter, we ds Missverständnis ufglöst wär, wär i scho überau bekannt, vilecht sogar bekannt derfür, dass i kes Buech vore Bar ha gschribe.

Medizin versus Poesii

Eis Mou bin i im Spitau gsi, bi chli beduslet und fiebrig im Bett gläge. De chunnt öpper i ds Zimmer inen und frogt: «Herr Lenz, wi füele der nech? Wi starch si öichi Schmärzen uf ere Skala vo 1 bis 10?»

Ou, das sig no schwär z säge, han i gseit. Momou, i heig scho Schmärze, rächt unaagnähmi und starchi Schmärze, si chiemi schubwiis und fasch chrampfartig, aber a ne Skala vo 1 bis 10 heig i i däm Zämehang no nid ddänkt. E Skala vo 1 bis 10 sig nid unbedingt das, wo mer häufi, mi Zuestang z beschriibe. I chöngs nid unbedingt i Zahlen usdrücke. Aber wöu d Pflegefachfrou insischtiert het, han i de zletscht gliich irgend e Zau gseit. He jo, öppis han i jo müesse säge.

Nächär bin i iigschlofen und won i erwache, steit wider öpper am Bett und seit: «Wi füele der nech jetz? Wi starch si öichi Schmärze uf ere Skala vo 1 bis 10?»

Aha, han i ddänkt, jetz wei si verglii̇che. D Schmärze si ender stercher gsi aus bim erschte Mou, aber i ha nümm gwüsst, was i bim erschte Mou ha gseit. Es isch mer eifach nümm i Sinn cho. Wen i bim erschte Mou 8 ha gseit und jetz würd i zum Bispüu 7 säge, han i ddänkt, de meine si zletscht, es göng mer besser, derbii geits mer schlechter. Sägen i aber jetz 9 und i ha bim erschte Mou 4 gseit, de meine si, mi Zuestang heig sech dramatisch verschlächteret, was jo gliich ou nid stimmt. Ussertdäm, han i überleit, sött me äuä grundsätzlech nid z höch drii, wöu me de nümm cha steigere. Würd i auso jetz säge, i sig schmärzmässig bi 10 und d Schmärze würden im Louf vom Tag gliich zuenäh, de wär i bös im Seich, wöu 11 oder 12 gits i däm Syschtem nid.

Mit der Zit isch es fasch e Routine worde. Immer wider isch öpper wäge de Schmärze uf ere Skala vo 1 bis 10 cho froge. Immer wider han i zögeret und abgwogen und innerlech ufen und abe grächnet. Und jedes Mou han i nächär es unguets Gfüeu gha, han i ddänkt, i heig di fautschi Zau verwütscht.

Mi het das totau gstresset. I weiss nid, worum, aber es faut mer eifach ungloublech schwär, mine Schmärzen e Zau vo 1 bis 10 zuezordne. Mit Buechstabe giengs wahrschiinlech besser. Würd mi öpper froge, wi mini Schmärze uf ere Skala vo A bis Z si, chönnti zum Bispüu säge, i heig grad es «Yes». Konkret würd das heisse, i heig schmärzmässig es «Y» im Rügge, es «E» im Chopf und es «S» im Mage. Das wär wäsentlech gäbiger. Mit ere Buechstabeskala chönnt me nid nume d Schmärze besser beschriibe, nei, me chönnt mit der Zit us de Schmärze Poesii mache.

Aber mit däm chönnte de d Mediziner widerum nüt aafo. Ihne si d Zahlen eidütig lieber. Würd me d Dökter und d Pflegefachpersone froge, wi si uf ere Skala vo 1 bis 10 es Buechstabe-Mässsyschtem würde bewärte, de wär ds Resultat wahrschiinlech 0.

Impfen und Schimpfe bis Wiissrussland

Gägewärtig het me der Iidruck, aui redi über ds Impfe. Gli sig d Corona-Impfig erhäutlech. Aber scho jetz wird diskutiert, debattiert und argumäntiert, wär d Impfig zersch söu übercho, wär d Impfig söu zale, wär d Impfig us Prinzip ablehni, wäm d Impfig am meischte nützi, wäm d Impfig vilecht sogar schadi, wär ar Impfig chöng verdiene und wär d Impfig dörf verchoufe. Es wird spekuliert, was d Impfig bringt. Es wird vorgrächnet, ob und wie dass me mit der Impfig d Pandemii chönnt stoppe. Impfgägner befürchten en Impfzwang. D Impfexperte säge, dä Impfzwang sig gar nie zur Debatte gstange. D Impfbefürworter möchte zwar ke Impfzwang, aber si würde gärn Impfaareize schaffe. Und so wird landuuf und landab füretsi und hingertsi über di Impfig gredt.

Ar Impfdebatte cha men abläse, wi sech üses Verhäutnis zur Wüsseschaft i de letschte Johrzähnt het veränderet. Won ig 1972 i d Primarschueu bi cho, isch Impfe no unbestritte gsi. Aui hei no nöimen irgend e Verwandten oder e Bekannte gha, wo wäge der Chinderlähmig es Bei het nochezogen oder e Hang nid guet het chönne bruuche. Dass me mit der Impfig d Chinderlähmig praktisch zum Verschwinde het chönne bringe, das hei aui guet gfunge. Ou ds Ohremüggeli, wo vor auem für Buebe gfährlech isch gsi, gits bi üs dank der Impfig praktisch nümme. Gäge Diphterii, Starrchrampf und Chüüchhueschte wärde scho d Söiglinge gimpft. Aber we me hütt i de medizinische Foren oder i de

Läserbriefe geit go läse, chunnt me fasch der Iidruck über, d Mehrheit vor Bevöukerig misstroui ungerdesse den Impfige. Impfe sig für üsi Gsundheit gfährlecher, aus nüt mache, cha me läse. Und grad bim Corona-Virus bringi en Impfig gar nüt.

Dass impfe gäge dä Virus sinnlos sig, das het ou der Höpfu gäng gseit, e Kolleg vo üs, wo si Übername nid zuefäuig het übercho. Und ds letschte Mou, won i ne gseh ha und är wider über das Thema referiert het, isch er scho derewä bsoffe gsi, dass er chuum me es fählerfreis Wort het usebbrocht. Sini Zunge het gmacht, was si het wöue, und je länger dass der Höpfu gliiret het, desto schlimmer isch es worde. Zletscht het er «Virus» nümm chönne sägen und het immer, wen er «Virus» gmeint het, «Wiissruss» gseit. «Der Wiissruss chöit der mit deren Impfig nid bekämpfe, Kollege! Der Wiissruss, dä mutiert und lengerfrischtig het en Impfig gäge ne Wiissruss ke Chance.»

«Wele Wiissruss?», het öpper der Höpfu gfrogt. «Meinsch du e konkrete Wiissruss oder irgend e Wiissruss?»

Der Höpfu het disen aagluegt und är het gluegt, wi wen er würd überlege. De het er i sim Ruusch inne gseit: «Der Corona-Wiissruss! Um dä geits doch!»

Wär ig Immunolog, i würd gloub aren Impfig forsche, wo d Sproch vo de Bsoffne klar bhautet; am Höpfu zlieb.

We me d Innestädt vo innen aaluegt

Es het scho nes paar Johr vor dere Corona-Pandemii aagfange. Vor auem i ender chliinere Städt faut eim das Phänomen sit längerer Zit uuf. D Innestädt, auso d Zone, wo sech früecher ds städtische Läben abgspüut het, wärde gäng eitöniger und läbloser. Das het vermuetlech verschideni Gründ. Es het unger angerem mit em Beizestärben und mit em Lädelistärben und mit veränderete Läbensgwohnheiten und söttigne Phänomen z tüe.

Me mues di Veränderige nid unbedingt nume negativ bewärte, aber es cha trotzdäm nüt schade, chli drüber nochezdänke. Mir ässe zum Bispüu weniger Fleisch und das wenige Fleisch, wo mer no ässe, das chöi mer im Grossverteiler us em Chüeufach näh, auso gits gäng weniger Metzgereie. Mir läse weniger Büecher und di wenige Büecher, wo mer no läse, cha men ou im Internet bstöue, auso bruuchts gäng wi weniger Buechhandlige. Mir schlücken und rouchen aus Gsöuschaft vüu weniger aus früecher und das wenige, wo mer no trinke, chöi mer ou deheime näh, auso bruuchts immer weniger Beize.

We mer aber weniger ir Beiz hocke, de müesse mer meh telefoniere, zum mitenang im Dialog bliibe, auso gits a mängem Ort, wo einisch no ne Beiz isch gsi, plötzlech e Handyshop. Telefoniere isch fasch ds Gliiche wi ir Beiz umehocke, aber ohni Aukohou und ohni Nikotin und ohni Kalorie. Der Stammtisch isch vom

Chat verdrängt worde. Drum räntiere Handyshops sicher besser aus Wirtshüser. Überhoupt bliibe d Ligeschaften i den Innestädt nid eifach läär. Näbe de Handyshops boome zum Bispüu ou d Nagustudios. Weniger Buechhandligen und meh Nagustudios heisst, dass gepflegti Fingernegu hütt wichtiger si aus Beläseheit und Büudig.

Was i vüunen Innestädt ou rächt vüu Ruum iinimmt, si Verfueterigsstatione für Passante, wos pressant hei, auso Schnäuimbissläde mit aune möglechen Aagebot. We me zum Ässen aber nümm i d Beiz hocket, sondern dür d Stadt düre secklet, mues me guet luege, dass me niemer über e Huufe louft und niene aaputschet. Drum si di meischten Innestädt vougstout mit Discount-Optikerläde, wo eim d Brüue scho fasch nocheschiesse.

Zämegfasset chöi mer feschthaute, dass vüu Innestädt wäge de vile Nagustudios, Handyshops, Schnäuimbissläden und Discount-Optiker chli gliichförmig si worde. Der Vorteil vo däm Phänomen isch wi aaddütet dä, dass d Lüt, wo Innestädt bsueche, immer schöneri Fingernegu, schärferi Brüue und nöieri Handys hei.

Mängisch, we mer söttigs Züüg i Sinn chunnt, wirden i ganz melancholisch. Aber de spilen i chli mit der Brüue, bissen i mi Hamburger, fahre mit de Finger vor einte Hang über di früsch gmachte Fingernegu vor angere Hang und luege gschwing im Handy, wär wider öppis poustet het, und de dünkts mi, es sig aues gar nid so schlimm.

69

Vo Hundejohr und schneeriiche Winter

Vor vierzäh Tag schickt mer e Verwandte vo Madrid es paar Fötteli zum zeige, wi vüu dass es bi ihne gschneit heig. Z Madrid schneits ender säuten und we, de nume wenig. Aber das Johr hets richtig abegschneit und der Schnee isch lang bliibe lige. I ha no ne fule Spruch gmacht und däm Cousin gschribe, wen is früecher gwüsst hätt, de hätt i Langlouf-Ferie z Madrid bbuechet. Är hets gar nid luschtig gfunge und het mer au di vile Problem gschüuderet, wo si wäg em Schnee hei gha.

Mir isch de dür e Chopf ggange, dass vilecht nume mir Schwizer derewä Fröid hei, wes einisch bis i ds Ungerland abeschneit. Nume mir Schwizer hei i jedem Wärchhof es paar tipptoppi Schneeschnützine. Nume mir hei bis i ds Flachland abe Ströisauzlager, Schneeschufle, Schneerümigs-Pikettdienschte, Winterpneu, Thermoungerwösch, Davoserschlitte und tipptoppi Zentrauheizige. Nume mir dänke bi unerwartetem Schneefau sofort a Schneemanne, Schneebauschlachte und Schlittuplousch.

I angerne Länder macht der Schnee de Mönschen Angscht. Si hei kes Dischpositiv und wüsse nid, ob der Verchehr zämebricht, ob d Versorgig gwährleischtet blibt, ob si müesse früüren oder hungere.

Und öppis angers gits vermuetlech ou nume bi üs ir Schwiz. I meinen au di vilen aute und vilecht ou gar no nid eso aute Lüt, wo so gärn verzöue, wis früecher gschneit heig, wi me früecher jede Winter Iglu bboue heig und jede Winter vom Wiissestei heig chönnen abeschlittle bis i d Taustation. Überau ghört me di wüude Gschichte vo Dorfweiher, wo wuchelang sige gfrore gsi, vo Schirennen uf em Schueuwäg und vo iigschneiten Outo, wo me tagelang heig müesse freischufle.

Mir isch jedefaus letscht Wuche gsi, i heig überau nume no müesse lose, wi vüu und wi lang und wi regumässig dass es früecher i ds Flachland abegschneit heig. Wes nach de Erzähige vo de Schneeromantiker wär ggange, hätt me chönne meine, bis vor zwänzg oder driissg Johr heig e normale Winter bi üs im Mittuland amne Winter am Nordkap ggliche.

Zum Glück bin i ou nümm der Jüngscht. Drum han i no gwüsst, dass es nid stimmt und dass mer ou scho früecher mängisch e ganze Winter lang vergäben uf Schnee hei gwartet.

Ds Interessanten am Schnee isch vermuetlech, dass er ir Erinnerig vüu langsamer schmüuzt aus ir Würklechkeit. Tage mit vüu Schnee zie sech im Hingerdrii i d Längi. Es isch chli wi mit de Hundejohr, wo me doch seit, eis Hundcjohr entsprächi sibe Mönschejohr. Bim Schnee entspricht ei würkleche Schneewinter wahrschiinlech öppe zäh erinnerete Winter. Drum hei mer ds Gfüeu, früecher sig jede Winter iigschneit gsi.

Und wäge däm verzout de mi spanisch Cousin sine Grossching einisch, früecher heigs z Madrid no fasch jede Winter meterhöch gschneit.

Wortschöpfige i Krisezite

Im Zämehang mit däm unselige Virus, wo nis ungerdesse scho so lang beschäftiget, gits immer wider sprochlechi Nöischöpfige. Vüu vo dene sprochleche Nöischöpfige oder Neologisme, wi men im Fachwort seit, dünke nis am Aafang komisch oder gwöhnigsbedürftig. Aber chuum hei mer se nes paar Mou ghört oder gläse, wärde si nis vertrout. Und de geits meischtens gar nid lang, bis mer se säuber ganz säubschtverständlech aafö bruuche.

Vor wenige Wuche han i zum Bispüu kei Ahnig gha, was Contact Tracing isch. Ungerdesse isch es eine vo de meischtghörte Mundartbegriffen im Land. Sogar mi drüjährig Sohn cha Contact Tracing fählerfrei usspräche, won er de hingäge mit so autmodische Wort wi Impfzäntrum oder Überträgigschötti ender no Müe het.

Klar, me mues der Bueb verstoh. Contact Tracing isch öppis, wo men im Radio ghört. Impfzäntrum hingäge isch e fasch no sinnlose Begriff. Ir Stadthaue, wo mer früecher hei chönne go zuelueg, wi si Unihockey oder Handbau spile, isch gägewärtig so nes Impfzäntrum inschtalliert. Das Impfzäntrum isch sogar scho fiirlech iigweiht worden und es isch tipptopp iigrichtet. Giengs nach em Impfzäntrum, chönnt men auso jetz bi üs z Outen impfe wi lätz. Ds Problem isch nume, dass es nid gnueg Impfstoff het.

Aber äbe, was mer hei wöue verzöue, isch Fougendes: Zu de gägewärtige Modewörter im Zämehang mit der Impfig ghöre Begriffe wi Impfzäntrum, Impfstoff, Impfserum, Impfzwang, Impfbefürworter, Impfgägner oder Impfskeptiker. Klar, das isch nüt totau Nöis. A au di Begriffe hei mer nis i de letschte Wuche chönne gwöhne.

Nöi isch hingäge nes Wort, wo erscht sit wenige Tage dür d Medie geischteret. Es isch der Begriff «Impfdrängler». «Drängle» heisst i mire Mundart eigetlech «füredrücke». So gseh, chönnt men amnen Impfdrängler ou Impffüredrücki säge. Gmeint si die Lüt, wo nid möge warte, bis si mit der Impfig ar Reie si. Es handlet sech meischtens um Riichi und Mächtigi, wo für sich das beaaspruche, wo di angere no nid zguet hei.

Do bi üs het me vüu über dä südafrikanisch Milliardär gredt, wo isch go füredrücke. Aber offebar isch das ke Einzufau. So heig men i gwüssne Kantön d Chefärzt scho mou vor em Gsundheitspersonau gimpft. Ganz nach em Motto, zersch afen einisch di Obere, nächär ersch ds Bodepersonau. Aber we mers scho vom Bodepersonau hei: Di bescht Gschicht dünkt mi die vom göttleche Bodepersonau. E Bischof vo Augsburg z Dütschland, wo imnen Autersheim sig gimpft worde, isch i Erklärigsnotstang cho. Är heig nid füreddrückt, het sini Pressestöu betont. Dä Bischof heig nume zuefäuig voren Impfportion profitiert, wo imnen Autersheim isch übrigbblibe. Är isch auso quasi d Räschte go usmache. Eso gseh isch dä Bischof ou ke Impfdrängler, sondern en Impfräschteverwärter.

D Länder i üseren Autagssproch

Vor churzem han i ire spanische Zitig en Überschrift gläse, wo wörtlech übersetzt het gheisse: «Spanie zwüsche russischem Bärg und russischem Roulette.» Di Überschrift hätt söue säge, dass es z Spanie mit der gägewärtige Regierig extrem uuf und ab gieng, dass es aber no vüu riskanter wär, d Regierig abzsetze.

Russisches Roulette kenne mer jo i üsere Sproch äbefaus. Aber das, wo uf Spanisch der russisch Bärg isch, heisst bi üs Achtibahn oder Bärg-und-Tau-Bahn. Wiso dass di Bahn uf Spanisch russische Bärg heisst, weiss i ou nid. Immerhin weiss i, dass es verschideni Sache git, wo i verschidene Sproche are Nation zuegwise wärde. Auerdings isch es nid immer eidütig, zu welere Nation dass öppis ghört. Mängisch wird nämlech öppis i eire Sproch eire Nation und ir angere Sproch vilecht eren angere Nation zuegwise.

Einzelni Zuewiisige si gliich, angeri gar nid. Das Ässe, wo bi üs russische Salat heisst, heisst uf Spanisch ou russische Salat und der Ängländer-Schrubeschlüssu heisst uf Französisch äbefaus Clé anglaise. Säge mer aber uf Dütsch vo öppisem, es chiem nis spanisch vor, de bruucht me für das z Spanie der Usdruck «es chunnt mer chinesisch vor». Und was bi üs e gwöhnlechi Omeletten isch, heisst z Spanie französischi Tortilla.

Oder näme mer der Fleischchäs, dä heisst ir Romandie Fromage d'Italie, was italiänische Chäs würd bedüte, obwou dass me Fleischchäs vor auem bis üs, z Dütschland und z Öschteriich kennt, wobii de dä Fleischchäs vo Öschteriich Leberkäse heisst.

Mir chöi auso feschthaute, dass me mängisch nid weiss, worum dass öppis genau amne bestimmte Land zuegordnet wird. Und mängisch weiss men ou nid, worum dass öppis i eim Land mit däm Land und imne angere Land mit disem Land verchnüpft isch.

Uf di ganze Ländersache bin i cho, wöu i ei Tag ghört ha, wi ne Rekrut zumnen angere Rekrut het gseit, d Russe sige fertigi Lauericheibe. Bi ihnen ir Kasärne sig e Russekompanii, di heige nuu Disziplin.

Won ig vor mängem Johr d RS ha gmacht, het me de Russen ou scho Russe gseit, Pardon, i meine natürlech de Wäutsche. I ha scho denn nid begriffe, worum dass di Wäutschen im Militärjargon d Russe hei gheisse. I ha mers eifach mit em Umstang erklärt, dass der Staauhöum uf ds Hirni het ddrückt.

Dass d Dütschschwizer Soudate de französischsprochige Kamerade aber no hütt «Russe» säge, das het mi scho chli schockiert. Grad bi üs ir Schwiz, wo me so stouz isch uf di verschidene Sprochen und Kulture, betone d Dütschschwizer Rekrute mit em Begriff «Russe», dass ne d Kamerade vo Lausanne, Fleurier oder Morges öppe so frömd si, wi we si vo Russland chieme.

Bi auem Reschpäkt, aber so nes Büud vo den eigete Mitbürgerinnen und Mitbürger isch e fertige Hafechäs, zum nid sägen en italiänische Chäs!

Mönschefleisch schmöcke

Vilecht kennt öpper no ds Märli vom Vogu Gryff. Es isch es Märli vo de Brüeder Grimm, aber es git natürlech vom Vogu Gryff, wi vo aune Märli, ou unzähligi Varianten und Übersetzige. I ha deheimen es Kassettli mit ere Hörspüufassig vom Vogu Gryff uf Mundart, wo mi öuter Bueb sehr gärn lost. Wobii «gärn» vilecht ds fautsche Wort isch, är losts nid unbedingt gärn, sondern ender mit ere Mischig vo Faszination und Angscht.

Bsungers ei bestimmti Stöu fahrt am Bueb jedes Mou i d Chnoche. Ir Originaufassig vo de Gebrüeder Grimm heissts a dere bestimmte Stöu: «Frau, ich rieche einen Christen! Hier schmeckt's nach Mensch!» Das vom Chrischt isch i üsere Mundartfassig nid dinne. Dört seit der Vogu Gryff zu sinere Frou nume: «I schmöcke Mönschefleisch!» Aber allei dä Satz verbreitet so vüu Horror wi aui angere Grusugschichte, wo der Bueb kennt, zäme.

Der Bueb seit mers mängisch, wen er mer wott e Schreck iijage: «Papa, weisch was?» – «Nei, was de?» – «I schmöcke Möööönschefleisch!» De mues i dergliiche tue, i chiem unheimlech Angscht über, so dass er mi cha tröschten und beruhige.

Ds Problem vo däm Märli vom Vogu Gryff isch auerdings, dass es kes Augemeinguet meh isch. Nume mir deheime wüsse, wi gruselig dass es isch, wen eine seit: «I schmöcke Mönschefleisch!» Di meischten angere Ching im Quartier kenne Paw Patrol oder süsch öppis Globalisierts. Mit de Figure vo söttigne Gschichte lö sech Znüüniboxe, Trinkbächer, Trainerhose, Plüschtier oder Gummistifu lo verchoufe. Aber vom Vogu Gryff gits ke Merchandising. Der Vogu Gryff kenne numen entweder die, wo scho öuter si, oder d Ching vo dene, wo kei Angscht dervor hei, ihrne Ching no Gschichte z verzöue, wo Angscht chöi uslöse.

Gschichte, wo Angscht mache, si hütt ir Pädagogik es Tabu. Märli wi das vo Hänsel und Gretel oder äbe das vom Vogu Gryff verzöut me de Ching nümm. Lieber verzöut me ne chli pädagogisch wärtvoue Stoff vo Bäreli, Hundeli oder Haseli, wo nang immer gärn hei und wo gäng tipptopp zunang luege.

Dummerwiis isch aber im Läbe nid immer aus wi i de Chinderbüechli vo de liebe Bäreli, Hundeli und Haseli. Mängisch het men ou aus hüttigs Ching Grund, vor irgendöppisem Angscht z ha. Aber d Ching chöi das Gfüeu gli nümm benenne, wöu di Gschichte, wo Angscht uslöse, nümm verzöut wärde.

Wen ig zum Bispüu dra dänke, dass es Ändi vo dere Pandemii, wo vor über emne Johr het aagfange, no wit und breit nid in Sicht isch, de schmöcken i Mönschefleisch, Pardon, i wott säge, de machts mer Angscht. Wär sini Angscht nie het glehrt erkennen und ushaute, macht us der Angscht Wuet und us der Wuet gsöuschaftlechi Spannige.

Me würd gloub gschider de Ching chli gröberi Gschichte verzöue, de wär ne d Angscht vertrout und si müesste nümm grad wüetig wärde, we si sech im Erwachsenenauter wider mäudet.

Bitte nid fertig verzöue!

Es git es wunderschöns Lied vom amerikanische Sänger Kris Kristofferson, wos im Refrain heisst: «Please don't tell me how the story ends» («Bis so guet, säg mer nid, wi d Gschicht usgeit»).

I däm Lied geits, wi fasch bi aune guete Lieder, um grossi Gfüeu. Dä, wo singt, dä gspürt offebar, dass sis Liebesglück totau zerbrächlech isch. Drum seit er sinere Aabbättete, si söu nim joo nid verzöue, wi d Gschicht usgeit. Klar, so lang win er nid weiss, was d Gschicht für nes Ändi het, chan er no ds Beschte hoffe.

Bi üs kennt me jo dä Spruch zum Bispüu im Zämehang mit Füume oder Romän. Wen öpper vomne Füum oder vomne Roman schwärmt, wo me säuber no nid het glehrt kenne, de seit me gärn öppe: «Bis so guet, tue nüt verrote! Säg mer nid, wi d Gschicht usgeit, i wotts de säuber erläbe!»

Won i dä Song vom Kris Kristofferson letscht Wuche ire Version vom Willie Nelson ha ghört, ere Version übrigens, wo no berüerender isch aus ds Originau, hets mi ddünkt, i heig öppis begriffe:

Es git wahrschiinlech zwöi Grundtype vo Lüt. Di einte möchte gärn wüsse, wi öppis usgeit, süsch lö si sech gar nid druf ii. Zu dere Gruppe ghöre die, wo nie im Läbe mit öpperem würden umeküsse, bevor si nid wüsse, was genau us dere Küsserei wird. Zur angere Gruppe ghöre di Unvernünftige, auso die, wo gärn ohni gross z überlege zmitts i ne Sach inegö. Di würde wahrschiinlech gar nie mit öpperem umeküsse, we si ds Änd vor Gschicht scho würde kenne.

We me die Erkenntnis uf d Politik übertreit, de cha men öppis Interessants feschtstöue. Ou ir Politik gits grob gseit zwöi möglechi Hautige. Es git Mönsche, wo ar ganze Ungwüssheit, wo jede politisch Diskurs mit sech bringt, fasch verzwiifle. Si möchten um jede Priis wüsse, wenn und wie dass jedi Gschicht usgeit. Si möchten unbedingt ds Ändi vor Gschicht kenne. Si sehne sech nach Kontroue und Sicherheit, sogar no i Läbeslage, wos gar kc Sicherheit cha gä.

D Lüt vor angere Gruppe gliichen ender am Kris Kristofferson oder am Willie Nelson. Ihnen isch es wöhler, we si ds Ändi vor Gschicht nid kenne. Si wei sech ds Ändi offe bhaute. Der Wäg interessiert se meh aus ds Ziiu. D Freiheit isch ne wichtiger aus d Kontroue.

Interessantwiis schiints gägewärtig aber grad di politische Grundhautige dürenang z schüttle. Mir gsehs dütlech bim Anti-Terror-Gsetz. Di ganz Rächte, wo bi Corona ender gäge d Iimischig vom Staat plädiere, auso ds Ändi vom Lied nid wei kenne, si bir Terrorbekämpfig für meh staatlechi Herti und Kontroue. Di ender Lingge hingäge, die, wo bir Pandemii nach meh staatlech verordneter Sicherheit rüefe, möchte bim Anti-Terror-Gsetz weniger staatlechi Kontroue. Angers gseit, di einte hei meh Angscht vor Corona und di angere hei meh Angscht vor em Terror, aber vor öppis hei aui Angscht. Das isch ds Ändi vor Story.

Eidechsli vo jedere Grössi

Wen i z Outen a Bahnhof loufe, chumen i auben amnen Egge verbii, wo men immer wider Eidechsli gseht. Wen i alleini a dere Stöu düreloufe, de gsehn i dörte bi trochnem Wätter zwöi bis drü Eidechsli. Loufen i aber mit de Ching düre, de gsehn i no vüu meh. D Ching hei äbe meh Geduud, wes um Tier geit. Si chöi länger warten und si chöi konzentrierter luege. Es cha de vorcho, dass i mues der Spüuverderber spile: «So fertig mit Eidechsli! Mir müesse jetz uf e Zug!» D Ching akzeptiere das, wöu si wahrschiinlech gspüre, dass jede Widerstang zwäcklos wär.

Aber einisch, won i wider uf e Bahnhof ha müessen und a mim Eidechsli-Egge bi verbiicho, ghören i, wi nes frömds Ching zu sire Mueter seit: «Lueg Mami, e winzig chliine Dinosaurier, so härzig!» I ha erwartet, dass di Mueter ihres Ching reflexartig korrigiert und seit, das sig ke Dinosaurier, sondern es Eidechsli. Aber di Mueter het nume gseit: «Jöö! Schön hesch ne gseh, Luan, das isch sehr e härzige Dino!»

Won ig säuber no Ching bi gsi, han i chuum e Vorstellig gha, was e Dinosaurier chönnt si. Aber vor ungefähr driissg Johr isch es plötzlech losggange. Dinosaurier hei aagfange, d Chinderzimmer erobere. I unzählige Chinderbüechli, Comics, Trickfüumen und Lieder, uf zaulose Chinderpulline, Bettdechine und Trinkfläschli si Dinosaurier abbüudet gsi. Gli hei sogar di chliinschte Ching chönne verzöue, wele vo dene Dinosaurier dass

Fleisch- oder Pflanzefrässer isch, wele dass wi schnäu vorwärts chunnt und wele dass wi läng, wi höch und wi schwär isch. Dinosaurier si nid numen i de Chöpfli vo de chliine Ching omnipresänt und immer bedütender worde.

Parallel zu deren Entwicklig hei vüu Lüt aagfange, Ching und Jugendlichi für üsi Umwäut z sensibilisiere. Ds Problem isch nume, dass das, wo mer i de Büecher und Füumen und Chinderlieder mitüberchöme, vüu mächtiger und realer isch aus das, wo me mit eigeten Ougen ir eigete Wäut chönnt gseh.

Es Eidechsli cha nie meh eifach nume no nes Eidechsli si. Es Eidechsli cha nie meh es ganz normaus, iiheimischs Mitgliid vor Reptiliefamilie si. Sit em Längzitboom vo dene Dinosaurier, wo i üsne Chinderzimmer sit Johrzähnte dominiere, gseh d Ching imne Eidechsli höchschtens no ds Modäu vo somne Dinosaurier. Jede Dino us em Fernseh isch realer, wohrer und presänter aus ds Eidechsli hinger em Stei im Garte.

Wi schön und würdig dass es gwöhnlechs Eidechsli usgseht, erfahre nume no die, wo bereit si, ihres Büud im Chopf ar Würklechkeit z mässe. Aui angere loufe mit em Smartphone vor den Ougen a üsnen Eidechsli bim Bahnhof z Oute verbii. Si interessiere sech nume flüchtig für Eidechsli. Vo de Dinosaurier hingäge wüsste si sogar no di latinische Näme. Und süsch chönnte si se notfaus sicher jederzit google.

Jedem e Baue und ds Theater isch verbii

Im Zämehang mit der Europameischterschaft im Schutte, wo so vüu Lüt i so vüune Länder begeischteret, gits natürlech ou immer wider kritischi Stimme. Es gub tatsächlech gnueg z hingerfroge bimne söttige Grossereignis. Me chönnt über d Uswüchs vom Kapitalismus rede. Me chönnt über d Uswüchs vom Nationalismus rede. Me chönnt ou über d Verbreitig vo Covid-19 rede. Und sicher chönnt me no vüu meh frogwürdigi Gsichtspünkt unger d Lupe näh.

Di meischte Lüt, wo d Europameischterschaft kritisiere, kritisiere aber nid di problematische Site vo däm Grossaalass. Si kritisiere d Europameischterschaft, wöu si eifach nüt am Huet hei mit Fuessbau. Das isch natürlech legitim. Niemer isch zwunge, Fuessbau interessant oder spannend oder schön z finge. Me mues akzeptiere, dass nid aune Lüt di gliiche Sache chöi gfaue. Mir gfaut zum Bispüu Triathlon nid. I weiss ou nid, worum. I lueges nid gärn und i würds ou nid gärn mache. Aber i reschpektiere die, wos gärn hei. I ha höchschti Achtig vor dene, wo so ne Triathlon dürestöh. Und i würd nie so ne Satz säge wi: «Gäbet doch aune Triathleten e Töff, de schwitze si weniger.» Das wär en absurde Satz, wöus doch bim Triathlon genau drum geit, di voui Aoträngig uszhaute.

Uf dä absurd Satz bin i nume cho, wöu i i de letschte Wuchen immer wider en urauti Ussag ha ghört, wo offebar i fuessbaukritische Kreise immer aus bsungers geischtriich gfüret wird. Aui, wo di Ussag bringe, bringe se fasch wörtlech gliich: «Gäbet doch jedem e Baue, de hört das Theater ändlech uuf!» Dä Satz isch öppe so logisch, wi we me bimne Theaterstück würd säge: «Gäbet jedere Figur en eigeti Büni, de höre di Dialogen ändlech uuf.»

Wi gseit, Fuessbau mues eim nid gfaue, aber wes eim gfaut, de gfaut eim äbe genau das Theater, wo sech drus ergit, dass aui gärn der Bau hätte.

Ds Schönen am Fuessbau si nid di explodierende Lohnchoschte, di rassistische Entgleisige oder d Nationauhymne vor de Länderspüu. Ds Schönen am Fuessbau isch d Eifachheit vom Spüu. Me darf e Baue mit aune Körperteili spile, ussert mit dene, wo sech am beschte würden eigne, nämlech de Häng. Niemer ussert der Goalie darf d Baue feschthäbe. Drum isch di Baue ständig ungerwägs, ständig i Bewegig, ständig umkämpft und umstritte. Das isch bi chliine Ching nid angers aus bi Profis.

Fuessbau isch es ständigs Theater drum, wär d Baue het und was dic, wo se hei, mit dere Baue chöi aastöue. Die, wo säge: «Gäbet doch jedem e Baue, de hört das Theater ändlech uuf!», di hei nid gärn Theater, di möchte, dass ds Theater ufhört. Derbii isch genau das ds Wunderbare, ds Einmalige, ds Poetische und ds Spannende am Fuessbau, dass Fuessbau immer und überau es Theater isch, ganz gliich ob im stoubige Hingerhof oder imne riisige Stadion.

Ds Läben isch Troum

Wo üse Drüehaubjährig einisch gseit het, är stöu sech d Frog, ob mer ächt nume tröime, dass mer läbe, han i di Überlegig rächt philosophisch gfunge. Derbii isch dä Gedanke wahrschiinlech eifach im Mönsch innen aagleit. «La vida es sueño», auso «Ds Läben isch Troum», heisst es bekannts Theaterstück vom spanische Klassiker Calderón de la Barca. Und mängisch chönnt i dä Sätz mit roter Tinten ungerschriibe.

Letscht Wuche zum Bispüu, do isch mer zmitts ir Nacht en Idee dür e Chopf, wo so geniau isch gsi, dass si problemlos e ganze Roman hätt möge träge. Es isch en Idee gsi, wi me se nume Znacht im Schlof cha ha, we me nid aagsträngt hirnet, sondern d Gedanke vo säuber fliesse. Us Angscht, di Idee chönnt bis am Morge verschwunde si, oder d Dunkuheit vor Nacht chönnt se schlücke, han i se no im gliiche Momänt feschtghaute. I ha se uf ne Notizblock gschribe, wo bi mir näbem Bett uf em Nachttischli ligt.

I bi sehr glücklech gsi über di unverhoffti Idee us deren unruhige Nacht. I ha di Idee aagluegt wi nes göttlechs Gschänk oder en unverdiente Musekuss. E isch würklech genau die Art vo Idee gsi, wo men am Schribtisch tagelang vergäbe druf wartet.

I dere Nacht han i de no auerlei Tröim gha, aber bi au dene vile Tröim han i nid vergässe, dass i di ganz grossi, di einzigartig literarischi Idee uf däm Notizblock näb em Bett suber notiert ha gha.

Won i am Morgen ufgstange bi, bin i immer no bsetzt gsi vo dere Notiz. I ha kei Ahnig meh gha, um was dass es ggangen isch, aber das isch mer komplett egau gsi, wöu i gwüsst ha, dass is cha nocheläse.

Won i dduschet und aagleit bi gsi, han i mer es Kafi gmacht. Und erscht denn bin i dä Block go reiche, zum aues in Rue studiere. Ob si wüss, wo dä Block sig, han i mini Frou gfrogt, wo scho parat isch gsi zum go schaffe.

«Wele Block?», het mini Frou gfrogt.

«Eh, dänk dä Notizblock, wo immer zäme mit em Bleistift uf miim Nachttisch ligt!», han i gseit.

So lang mer zäme wohni, heig si uf mim Nachttisch no nie e Notizblock gseh, het mini Frou gseit. Und no wo si das gseit het, han i aues begriffe. I ha im Troum nid numen e grossartigi Idee gha, i ha sogar no tröimt, i heig es Bleistift und e Notizblock uf em Nachttischli und i heig di Idee dört druffe notiert.

Zersch hets mi chli möge, aber nächär bin i ire Chischte mit aute Studienungerlage das Theaterstück vom Calderón de la Barca go füresueche. Es handlet vomne Chönigssohn, wo ganz churz us emne fiischtere Verliess useglo wird, zum es Land regiere, aber är macht aues fautsch, so dass me ne grad wider i das fiischtere Verliess iisperrt und nim seit, di churzi Zit, won er regiert heig, sig numen e Troum gsi. Es geit no witer, aber i wott jetz do nid grad aues verrote.

Das Manchester vo früecher

Mängisch meint me jo, öppis sig immer so gsi, wis grad jetz isch, ou wes vilecht überhoupt nid immer so isch gsi. Me meint de zum Bispüu, Manchester sig immer scho wäg em Fuessbau wäutbekannt gsi, ou we d Stadt Manchester und der Begriff Manchester scho lang, lang vor der Erfindig vom Fuessbau wäutbekannt si gsi.

Vüu vo üs ghöre Manchester und dänke sofort a Manchester United oder a Manchester City, beides witume bekannti Näme, wes ums Schutte geit. Manchester United und Manchester City ghöre zum Beschte, wos git im Wäutfuessbau. Di Näme kennt jedes Ching, wo ab und zue Sport luegt. Di ganz Aagfrässene chürzen ab und säge «ManU» oder «Man City», aber di meischte säge Manchester.

Hätt jetz aber öpper mi aus Bueb gfrogt, was mir zum Wort Manchester i Sinn chunnt, de wär mer sicher nid Fuessbau i Sinn cho. Nei, de hätt i wahrschiinlech gseit, Manchester sig e Stoff. Usländischi Fuessbaumannschafte het me drum denn nid eso vüu kennt. Aber fasch aui Buebe hei Manchesterhosen annegha. Me het ou Manchesterjagge kennt, Manchesterhüet und sogar Finken us Manchesterstoff. Me het drum denn eifach zu jedem Stoff, wo ne grippti Oberflächi het gha, Manchester gseit. Z Dütschland redt men i däm Zämehang vo Cord, aber gmeint isch ds Gliiche.

De ghören i ei Tag im Tierpark e Frou, wo zu ihrem Maa seit, är söu am Ching d Manchesterjaggen aalege, es wärdi früsch. I ha di Mueter verstange. Im Herbscht wirds sofort chüeu, we d Sunne wägg isch. Und si het nid wöue, dass sech ihres Ching verchöutet. Aber der Maa, wo wahrschiinlech Fuessbaufan isch gsi und es paar Tag vorhär ou gseh het, wi d Bärner Young Boys ir Champions League sensationell gäge Manchester United hei gwunne, het bim Wort Manchester nid a ne bestimmte Stoff ddänkt, sondern a ne konkrete Gägner. «Was söu ig? I söu mim Ching e Manchesterjaggen aalege? Vergiss es. Nie im Läbe! Mis Ching treit en YB-Jaggen oder es YB-Liibli, aber sicher nüt vo Manchester! Mir si für YB, nid für Manchester!»

D Frou het wahrschiinlech ihre Maa scho lang kennt. Jedefaus het si glachet und gseit, vo ihren uus müess es nid d Manchesterjagge si. Si chöng ou eifach säge, är söu am Ching di bruuni Jaggen aalege, die mit em weiche Chrage. Oder süsch ou d Jagge mit de süubrige Druckchnöpf.

«De sägs bitte ds nöchschte Mou grad eso und bruuch nid das unmögleche M-Wort!», het är gseit und ou glachet.

Di ganzi Diskussion han i ghört bim Näbedüreloufen und ha de grad beschlosse, i säg mire Manchesterjagge vo jetzen aa ou nümme Manchesterjagge. I sägi nume no «d Jagge mit em fiingrippte Bouelestoff». Klar, i weiss scho, es isch chli ufwändiger, aber we me derfür nid über Fuessbau mues strite, lohnt sech der Ufwand.

Mini Gschicht vom Fadanelli

Chürzlech hei mer unger Fründe drüber gredt, wi höch dass d Wahrschiinlechkeit isch, dass men aui sächs Lottozahle richtig tippet. D Chance isch verschwindend chliin, aber öpper preichts jo de aube trotzdäm.

I däm Zämehang han i wider einisch mini Gschicht vom Fadanelli wöue bringe, aber d Fründe hei gseit: «Hör uuf! Nid no einisch der Fadanelli! Der Fadanelli chöi mer uswändig!» Churz zämegfasst, d Fründe hei mi d Gschicht vom Fadanelli nid lo verzöue. Drum verzöue si jetz dohie für aui, wo se no nid kenne.

Es isch zwöuf Johr här. I ha nen Iiladig a d Buechmäss vo Guadalajara, Mexiko gha. De han i uf em Wäg dörthäre zersch no einehaub Tag Ufenthaut z Mexiko-City gha. Mi Fründ Housi, e bekannte Literaturveraastauter, het mer gseit, wen i z Mexiko-City sig, söu i de unbedingt zum Guillermo Fadanelli go ne Gruess usrichte. Der Fadanelli sig e wunderbare Schriftstöuer und e liebe Kolleg vo ihm. Är gäb mer grad am Fadanelli sini Visitecharte, dass i ne chöng kontaktiere.

«Vergiss es, Housi! I go doch nid ire Stadt mit zäh Millionen Iiwohner ei bestimmte Typ go sueche, nume zum e Gruess usrichte. Weisch, was es dört für nes Verchehrschaos het! Zletscht mues i sibe Stung i ei Richtig und sibe Stung wider zrüggfahre, nume wäge dim blöde Gruess!»

I bi de ir Nacht z Mexiko-City aacho. Am angere Morge isch mi e Frou vor Botschaft cho abhole, de het si mer es paar Sehenswürdigkeite zeigt und am Oobe het d Botschaft imne Kulturlokau e chlinen Empfang mit ere Läsig organisiert gha. I ha gläse, nächär hei mer ggässe und de hei es paar Studäntinnen und Studänte gfrogt, ob i no mit ihne a ne Privatparty wöu, es heig gueti Musig und gueti Stimmig. D Lüt vor Botschaft hei abgrote, sig vüu z gfährlech, ir Nacht ir Stadt umezhange.

I ha di Bedänken ignoriert und bi mit dene junge Lüt a di Party. Wo mer nach über ere Stung dört aachöme, hocke nume no wenig Lüt amne länge Tisch, aui scho zimlech aatätscht. I hocke näb eine mit somne Traktor-fahrer-Tschäppu, wo «Ford» druffe steit. Der Typ schänkt sich und mir es Glas Tequila ii und frogt grad, wär i sig, won i härchöm und was i miech im Läbe.

I sig us der Schwiz, sig Schriftstöuer und grad uf em Sprung uf Guadalajara.

Aha, d Schwiz kenn er ou, är sig einisch dörte gsi, z Leukerbad amne Literaturfestival, är sig drum zue-fäuig ou Schriftstöuer.

Jä so, wen er ou Schriftstöuer sig, de kenn er vilecht e Pruefskolleg, der Name sig mer grad entfaue. I heig aber es Chärtli, wos druff stöng: «Lueg, do han is: Guillermo Fadanelli. Kennsch ächt dä zuefäuig?»

«Der Fadanelli kenn i beschtens! Das isch e Gouner, aber e harmlose!»

«Aha, grossartig, de seisch nim e Gruess vom Housi vo Bärn, aber nid vergässe, gäu!»

«I mues nims nümm säge, i bi säuber der Fadanelli! Seisch am Housi e Gruess zrügg!»

Über d Weichheit vo mire Sproch

De hei mini Frou und ig das Geografii-Spiili gspüut, wo me uf emne Blatt sänkrächti Ungerteilige macht. De mues me zumne bestimmten Aafangsbuechstabe so schnäu wi möglech es Gwässer ufschriiben und e Stadt und es Land und so witer. Meischtens nimmt men ou no Bluemenäme, Outomarggen oder zum Bispüu Berüemtheite. Mir hei a däm Nomittag no öppis wöue, wo chli schwiriger isch, drum het me bi üsem Spüu no biblischi Figure müesse wüsse.

Wo der Buechstabe B isch dra cho, isch mer sofort e Stadt mit B, es Land mit B, es Gwässer mit B, e Bärg mit B und aues angere i Sinn cho. Nume mit der biblische Figur hets gharzet. Aber wöu i unbedingt aus Erschte ha wöue fertig si, han i de ganz, ganz weneli bschisse bim biblische Namen und de han i gruefe: «Fertig!»

Mini Frou isch erstuunt gsi, dass i so schnäu aues ha gha und het d Lösige wöue ghöre. I ha de so unufféuig wi möglech gseit: «Bratislava, Belgie, Birs, Bürgstock, Brigitte Bardot, Bentley und Bontius Bilatus.»

We zwöi ds Gliiche hei, gits föif Punkt, we me d Lösig allei het, gits zäh Punkt. Nume Belgie hei mer gliich gha, drum han i rasch gseit: «I ha föifesächzg Punkt. Nöchschti Rundi!»

«Haut!», het mini Frou gseit, «säg bis so guet no einisch, was de bir biblische Figur hesch gschribe?»

«Äbe, der Bilatus, dä wo sini Häng i Unschuud het gwäsche, wo si der Heiland hei zum Tod verurtöut gha. Wotsch mer ömu nid verzöue, du kennisch der Bilatus nid!»

«Aber Pilatus schribt me doch nid mit B! Nie im Läbe!», het mini Frou gseit und verlangt, dass mer no einisch d Punkt nöi zämezöue.

«I has drum uf Mundart gschribe!» han i mi probiert usezwinde. «He jo, du weisch es doch, i mire Mundart seit me amne Pouschtersässu normalerwiis Bouschtersässu, d Briefe bringt men uf d Boscht und ar Stadt mit em Eiffuturm seit me Baris», han i gseit, «drum darf i däm Pontius Pilatus jederzit und mit vouem Rächt Bontius Bilatus säge!»

I ha de mire Frou, wo usem Ämmitau und nid us em Oberaargou chunnt, ou no grad erklärt, dass bi üs im Oberaargou vüu Wörter, wo bi angerne mit emne herte T aafö, mit weichem D usgsproche wäre. Mir säge zum Bispüu e Duusigernote oder e Dragödie. Das sig äbe drum eso, wöu mir e sehr e fiinen Umgang mit de Wörter heigen und nid eso höuzig rede wi zum Bispüu di Dütsche, wo jedes P und jedes T am Aafang vomne Wort no ganz fescht tüegen aschpiriere, bis es fasch explodiert im Muu inne. I ha witeri Bispüu gsuecht, ha vom Boulet-Fleisch, vom Danneboum und vom Bebsi-Cola verzöut und ha so lang gliiret, bis mini Frou resigniert het und der B bi Bontius Bilatus het lo gäute.

I ha de ds Geografii-Spüu a däm Nomittag gwunne. Ds Eigenartige isch auerdings, dass mer d Frou sithär nume no Bedro seit, und zwar mit emne sehr, sehr weiche B, wi we mi Vorname vom Oberaargou chiem.

D Wienachtsgschicht mit oder ohni Pfäffer

We mer am Heiligenoobe mit üsne Liebschte zämehocken und Wienachte fiire, verchnüpfe mer normalerwiis, bewusst oder unbewusst, zwöi biblischi Gschichte. Di einti isch d Gschicht vom heilige Paar, wo uf Bethlehem mues wäge der Voukszählig vom Kaiser Auguschtus. Es isch d Gschicht vor Herbergssuechi, vor Geburt im Stau, vo de Hirten uf em Fäud und vom Ängu, wo verchündet, der Heiland sig gebore. Die Gschicht steit im Lukas-Evangelium. Di angeri isch d Gschicht vo de Stärndüter us em Oschte, wo zersch uf Jerusalem zum Chönig Herodes gö und vo dört uf Bethlehem go ds Jesus-Ching aabätte. De sötte si eigetlech zrügg zum Herodes go Bricht gä. Aber nächär seit ne Gott im Troum, si söue nümm bim Herodes verbii, wöu dä nüt Guets im Sinn heig. Auso gö di Stärndüter diräkt hei und der Chönig Herodes wird butzverruckt. Är lot aui Buebe, wo zwöijährig oder jünger si, lo töde. Der Jesus verwütscht er auerdings nid. Däm sini Öutere si nämlech ou vo Gott gwarnet worde. Si hei mit em Jesus-Ching uf Ägypte chönne flüchte.

Üse öuter Bueb wott i de Wuche vor Wienachte ständig d Wienachtsgschicht lose. Aber je nach sire Tagesverfassig mues i der Teil vom Herodes chli chürzer oder chli usfüerlecher verzöue. Der Bueb seit am Herodes nume «Rodes» und är het säubschtverständlech richtig, richtig fescht Angscht vor dere Figur, wo so skrupulos Ching het lo töde.

«Gäu, Papa, we de der Rodes chunnt, muesch mer d Hang gä!», seit der Bueb.

«I cha dä Teil vom Herodes süsch ou eifach wägglo», schlon i aube vor.

«Nei, i wotts scho ghöre, aber du muesch mer unbedingt d Hang gä!»

Interessanterwiis chunnt i de meischte Chinderbüechli über Wienachte dä Teil mit em Herodes gar nid vor. Aber ou mir Erwachsene dänken ar Wienachte lieber a ds Bébé ir Chrippe aus a di bluetigi Jagd uf chliini Ching. Ds Thema isch eifach nid so wienächtelig. Und wär möcht bim gmüetleche Fiiren im Familiekreis a so ne fürchterlechi Gschicht erinneret wärde? Ig jedefaus nid.

Angerersits isch es jo wahrschiinlech grad das unvorstöubar Böse, wo d Houptussag vor Wienachtsgschicht, auso dass e Retter isch uf d Wäut cho, no häuer lot lo lüüchte. Wären aui Lüt uf der Wäut sowiso lieb und fridlech zunang, de bruuchtis jo ke Retter. Gubs dä Teil mit em Herodes nid, de wär d Wienachtsgschicht e harmlosi Nomittagsungerhautig.

I gloube, üse Bueb het das begriffe. Är ungerscheidet zwüsche gueten und böse Gschichte. Di böse Gschichte löse meh uus bi nim, meh Froge, meh Emotionen und meh Erkenntnis. Der «Rodes» isch e Figur, wo nim Angscht macht. Aber vermuetlech wott er grad genau drum di Gschicht vom «Rodes» immer wider ghöre. «Und nid vergässe, wes gfährlech wird, muesch mer unbedingt d Hang gä!»

E totau müesami Mitarbeitere

D Erinnerig isch en unzueverlässigi Mitarbeitere. Sache, wo scho lang erlediget si und ke Bedütig meh hei, tuet si sorgfäutig ufbewahre. Wichtigi Aktualitäte tuet si de hingäge schlampig oder gar nid iiordne. Chönnt i e besseri engagiere, de hätt i mire Erinnerig scho lang gchündet.

Mängisch sägen i zue re: «Liebi Erinnerig, säg mer bis so guet schnäu, wär letscht Johr am Hahnekamm d Abfahrt het gwunne?»

De antwortet d Erinnerig: «1973 und 1974 der Roland Collombin, nächär drü Mou nachenang der Franz Klammer und nächär müesst is go nocheschlo.»

Merci! Nocheschlo chan is säuber. 1973 bis 1977 interessiert mi nümm. I ha nach 2021 gfrogt! Es regt mi uuf, dass i grad nid weiss, wär letscht Johr uf der Streif het gwunne. Aber d Erinnerig cha mer nid witerhäufe. Si heig äbe di wichtigschte Date vo de 1970er-Johr besser abgheftet aus di aktuelle Date. Wen i wöu, chöng si mer ou no ds Gedicht «Er ist's» vom Eduard Mörike ufsägen oder ds Lied «Grüezi wohl, Frau Stirnimaa» vo de Minstrels vorsinge. Si hätt süsch ou no aui Schwizer Medalliegwünner vor Winterolympiade Sapporo 1972 griffbereit.

«Hör uuf!», sägen i de zur Erinnerig. «I weiss, dass de ou di meischten aute Lieder vom Tinu Heiniger uswändig weisch. Das chasch jetz aus für di bhaute! Es nützt mer nüt! Säg mer gschider, wär dä Typ isch, wo dört vore chunnt cho z loufe! I driissg Sekunde quatscht er mi aa. Und i weiss si Name nümm!»

De chunnt d Erinnerig i Stress, fot aa «ääääähm» sägen und stotteret öppis vomne Handwärch, und dass es wahrschiinlech mit «H» aaföng und öppis mit Wärmi z tüe heig. «Geits nid e chli gnauer?», frogen i d Erinnerig und boue de us au dene Informatione e Name: «Grüessech, Herr Heizer! Wi geits?»

«Hafner», korrigiert mi dä, won ig aus Heizer ha begrüesst. Är heissi Hafner, nid Heizer.

De wirden i mängisch richtig hässig uf d Erinnerig, wo mi zwar i ne Richtig het gfüert, wo mer aber nächär doch nid het ghoufe. Mi nuhms wunger, wiso dass si aube so komisches Züüg chöng archiviere, aber nächär di autäglechschte Banalitäte nid griffbereit heig.

«Nüt isch e Banalität!», seit uf das abe d Erinnerig. Si legi haut d Sache nach eigete Kriterien ab. Es wichtigs Kriterium sige d Emotione. Und wen ig bimne Schirenne vo 1973 meh Emotione heig chönne zuelo aus bi eim vo 2021, de sigs klar, dass si ds erschten im Bedarfsfau besser fingi aus ds zwöite. Es witers Kriterium sig d Form vo däm, wo me müess abhefte, seit d Erinnerig. Si chöng sech zum Bispüu Verchlinerigsforme guet merke. Und we si de es Gsicht gsäch, wo si der passend Name müess chönne fürenäh, de chöng si mi grad sofort informiere: «Dänk dra, di Dame heisst wi d Verchlinerigsform vo öppis, wo mer bruuche zum Büuder ufhänke!»

«Erinnerig, du bisch es Chaub!», geits mer dür e Chopf. «Jetz han i wäge dim Gliir ar Frou Nägeli prompt Frou Hämmerli gseit.»

Der ganz gross Tourismus-Trend

Ir letschte Zit begägnen i immer wider amne Begriff, wo offebar im Momänt grad rächt höch im Kurs steit. Dä Begriff wird bi üs umenang numen uf Änglisch bbruucht. Me chönnt ne zwar scho übersetze, aber de würd er nümm so guet töne. Uf Änglisch tönt der Begriff richtig wichtig und dynamisch. Är heisst «Digital Detox», und was mit däm gmeint isch, isch eifach z erkläre. Mit «Digital Detox» isch en Entgiftig vo aune digitale Medien und digitale Grät gmeint. Aber Obacht, nid d Grät müessen entgiftet wärde, sondern der Mönsch, wo di Grät bruucht. Wen auso öpper es «Digital Detox» wott mache, de mues är oder si eifach ds Smartphone und der Laptop und der Fernseh und aui söttige Grät abschaute, wäglege, iigschbliessen und vergässe. Fertig.

Es git Lüt, wo das vilecht eifach finge. Aber für angeri Lüt isch es aus angeren aus eifach. Si chöme fasch nid los vo dene Grät und si drum dankbar, we nen öpper cha häufe bi däm «Digital Detox». D Hotellerii-Bransche het sech wäge däm jetz bereit erklärt, aui, wo das wünsche, bi däm «Digital Detox» z ungerstütze.

Mir isch das Aagebot jedefaus scho uf aune digitale Kanäu begägnet. De heissts zum Bispüu «Buchen Sie Ihrcn Digital-Detox-Urlaub in der unberührten Natur» oder «Für die schönsten Digital-Detox-Hotels bitte hier klicken!». Klar, wär nid digitau ungerwägs isch, begägnet denen Offerte nid, aber dä bruucht se jo ou nid. Es git fasch scho kes Hotel meh, wo «Digital Detox» nid im Aagebot het. Di Dütschen und d Öschteriicher säge mängisch ou «Digitales Fasten», aber gmeint isch immer eifach, dass ds Hotel eim d Möglechkeit git, aui Grät abzschaute, so dass me sech für ne bestimmti Zit cha abhänke vo au dene tuusig Ablänkige, wo di digitale Grät mit sech bringe.

Das «Digital Detox» isch für d Hotellerii-Bransche natürlech e grossi Chance. Si chöi d Lüt entgifte, ohni säuber gross öppis müesse z mache. I meine, d Gäscht, wo i nes Digital-Detox-Hotel chöme, chöi ihri Grät eifach ar Réception abgä und scho chas losgo. Das Aagebot choschtet ds Hotel ke Franke. Im Gägetöu, d Hotelbsitzer chöi d Choschte für ds WLAN sparen und di Ersparnis aus Mehrwärt für d Gäscht verchoufe.

Nach däm Trend zur temporäre Befrejig vor digitale Wäut chunnt de wahrschiinlech no der Trend zur temporäre Befrejig vom Körperkult. Bi däm Trend müesse sech de d Hotelgäscht vo aune körperleche Ablänkige wi Sauna, Massage, Heilbäder, Gym und Solarie entgifte. De cha jedes Hotel, wo ke Spa-Beriich het, eifach verchünde, si bieti de Gäscht «Physical Detox» aa. Das wär doch sicher e totau nöji Erfahrig, einisch di ganze Ferie lang der Körper in Rue z lo, nüt dranume z chnätte, kener körperlechen Aktivitäten und nume Büecher z läse, minetwäge sogar elektronischi Büecher uf em Laptop oder uf em Smartphone.

D Wäut vo de Zivilischte

«Was isch eigetlech e Zivilischt?», het mi der Vierjährig bim Mittagässe gfrogt. Wiso dass er das wöu wüsse, wie dass er uf das sig cho, han i zrügg gfrogt. I weiss, es isch en aute Trick, are Frog, wo me nid grad ma beantworte, eifach mit ere Gägefrog uszwiiche. Aber der Bueb isch nid druf inegheit, är het mini Gägefrog ignoriert und het uf sire Frog beharrt. Är wöu jetz unbedingt wüsse, was e Zivilischt sig.

Zivilischte sige Lüt wi mir, han i gseit. Aui, wo nid Soudate sige, sige Zivilischte. Aber wöus mi so komisch ddünkt het, dass der Bueb e söttige Begriff wott erklärt ha, han i gseit, es nähm mi jetz gliich wunger, worum dass er das wöu wüsse. Är söu mer bitte säge, won er das Wort «Zivilischt» här heig.

Ob de «Zivilischt» es gruusigs Wort sig, ob me «Zivilischt» nid dörf säge, het er mi gfrogt, wahrschiinlech wöu i so fescht uf minere Frog umegritte bi, auso uf der Frog, won er das Wort här heig.

Nenei, Zivilischt sig nüt Gruusigs. I heig nim doch vorhär scho gseit gha, mir sigen aues Zivilischte, di ganzi Familie, ds Bébé, der chliin Brüetsch, är säuber, d Mama und ig ou, au zäme Zivilischte.

«Weisch, e Zivilischt isch nüt Speziells. Wo de häreluegsch, hets überau nume Zivilischte! D Lüt vor ganze Stross si aus zäme Zivilischte. D Lüt vor ganze Stadt si Zivilischte. Zivilischt si isch öppis ganz Normaus.»

«I wott nid Zivilischt si!», het der Bueb vou Überzügig gseit.

«Das chasch nid useläse. Jede, wo nid Soudat isch, isch Zivilischt. Das isch eifach eso.»

«D Frou im Radio het aber gseit, si tüegen uf Zivilischte schiesse.»

«Het si das gseit?»

«Jo, im Radio het sis gseit, hesch es nid ghört?»

Me sött nid mit chliine Ching über söttigi Sache müesse rede, han i ddänkt. Me sött nid mit chliine Ching müesse drüber diskutiere, was Zivilischte si, was zivili Opfer si und was Aagriffe uf d Ziviubevöukerig si. Me sött chliini Ching chönne verschone vo dene Sache. Me sött der Radio abstöue, we chliini Ching ir Nöchi si. Me sött chliine Ching chönne verzöue, zivili Opfer sig öppis vo früecher, öppis, wo si de spöter einisch ir Schueu lehre, öppis, wos scho lang nümme gäb, öppis wi Häxeverbrönnige im Mittuauter.

Aber was söu me mache? D Wäut isch nid eso, wi si müesst si. D Wäut isch nid eso, wi me se de chliine Ching gärn würd verzöue. D Zivilischte vom Radio, di gits würklech und di stärbe würklech, geschter, hütt, morn, jede Tag. Si verblüeten und verbrönnen und erstickte, wöu si beschosse wärde, wöu öpper Bomben uf ihri Hüser abelot, wöu Chrieg immer brutau und gnadelos isch, immer bluetig isch und immer sehr schnäu di Unschuudige trifft, d Zivilischte, di aute Lüt, d Frouen und di chliine Ching, Ching, wo wahrschiinlech nümme derzue chöme, ihri Vättere bim Mittagässe z froge, was eigetlech e Zivilischt isch.

Worum dass nüt nid immer nüt isch

Im Momänt isch grad e zimlech komplizierti Debatten im Gang. I meine do wäge der Abstimmig über ds Transplantationsgsetz. Dir heits sicher mitübercho. Es wird dört debattiert wäge der Widerspruchsregelig bir Organspänd. D Idee vor Widerspruchsregelig wär die, dass mer nis würde druf einige, dass aui, wo nid usdrücklech «nei» säge zure Organspänd, mit däm eigetlech scho «jo» hätte gseit. Mir würden auso bir Bereitschaft zur Organspänd abmache, ds Fähle vore klaren Ussag sig aus «jo» z interpretiere.

Ds Gägetöu vore Widerspruchsregelig isch e Zuestimmigsregelig. Das isch das, wo bezüglech der Organspänd bis jetz isch güütig gsi. E Zuestimmigsregelig bedütet, numen es usdrücklechs «Jo» isch ou würklech es «Jo».

D Zuestimmigsregelig isch zum Bispüu das, wo immer meh Mönsche im Zämehang mit sexuelle Handlige propagiere. Nume wär klar «jo» zu körperlecher Nöchi seit, meint ou «jo». I däm Beriich hei sech vüu Manne bis jetz ender ar Widerspruchsregelig orientiert, wo äbe gägewärtig im Zämehang mit em Transplantationsgsetz diskutiert wird. Si hei sech auso, ähnlech wi d Befürworter vom revidierte Transplantationsgsetz, gseit: «Wen i kes usdrücklechs ‹Nei› ghöre, de darf i das wahrschiinlech aus ‹Jo› interpetiere.»

«Nei!», hei uf das abe die gantwortet, wo im Zämehang mit sexuelle Handlige für nes Zuestimmigsmodäu plädiere. Wen öpper – us welem Grund ou immer – kes «Nei» heig formuliert, de dörf me no lang nid eifach aanäh, das fählende «Nei» sig bereits es «Jo». Ds «Jo» aus Zuestimmig zu sexuelle Handlige müess immer eidütig und usdrücklech si.

Ds Thema vo Widerspruchsregelig und Zuestimmigsregelig schiint uf en erscht Blick zimlech verwirrlech. Me cha mit guetem Grund i eim Läbesberiich für ds einten und imnen angere Läbesberiich für ds angere si.

Aber worum mues me de überhoupt definiere, ob es Schwigen aus «jo» oder aus «nei» söu usgleit wärde? Der Grund isch dä, dass schwige für sich allei gluegt ke Rächtsghaut het. Es Schwigen isch auso juristisch gseh nüt. Wen i nüt säge, de sägen i vom Gsetz här gseh genau das, nämlech nüt. Und wöu nüt säge ke Ussag isch, aber mir Mönschen ohni Ussag nid wüsse, was mer söue verstoh, müesse mer vorhär abmache, ob nüt sägen es «Jo» isch oder ob nüt sägen es «Nei» isch.

I kenne Lüt, di säge fasch immer nüt. Si lose vilecht lieber zue, aus dass si immer zu auem und jedem öppis säge. Das isch eigetlech no sympathisch und me würd sech mängisch fröie, we nid gäng aui ds Gfüeu hätte, si müessi bi auem ire Sänf derzuegä. Aber äbe, wes bim Nütsäge blibt, de überlot me d Dütig vo däm Nütsäge den angere.

Oder angers gseit: Wär nüt seit, sött sech ganz genau überlege, wi das Nütsäge vo Fau zu Fau usgleit wird. Wär sech das nid überleit het, seit vilecht gschider nid nüt.

Fasch aues isch im Flow

Z Outen isch letscht Wuchenänd fei e chli öppis gloufe. D Cabaret-Tage hei vüu Lüt aazoge. Nächär isch no grad das Street-Food-Festival gsi, wo bi Jung und Aut sehr beliebt isch. Und ussertdäm het ds schöne Wätter ou no auerlei Usflügler, Sportler und Spaziergänger a di früschi Luft glockt.

I bi bim Bahnhof gstange, hinger mir d Aare, wo immer fliesst und fliesst, vor mir en ändlose Mönschestrom, wo nid het ufghört fliesse und oben a mir der ständig Strom vo den Isebahnzüg. De han i a das Philosophe-Wort «Panta rhei» müesse dänke. «Panta rhei» isch en Idee vom autgriechische Philosoph Heraklit, wo gseit heig, dass aues fliesst oder dass aues im Flow isch, wi me hütt würd säge.

I ha dört am Bahnhof e chli a deren Idee vom Flow umegstudiert, de isch e Drögeler cho und het gfrogt, ob i nim chli Gäud heig für i d Notschlofstöu. Es isch no früech am Morge gsi, auso no grad nid unbedingt d Zit, für a ne Schlofplatz z dänke. Aber guet, i ha nid wöue ds Hoor ir Suppe sueche. «Panta rhei», ischs mer dür e Chopf, und wen aues ständig fliesst, de cha ou ds Gäud fliesse. Auso han i däm Bättler öppis ggä.

Zersch han i ddänkt, das sig no ne luschtigi Gschicht, das mit der Notschlofstöu am früeche Morge. Aber de isch mer i Sinn cho, wi vüu Lüt dass aube so Gschichte verzöue. I meine Gschichte vo Drögeler oder angerne Bättler, wo behoupte, es fähli ne no genau acht Franke zwänzg für nes bestimmts Zugsbiliee oder si bruuchi e Föifliiber, zum öppis ässe.

Bi söttigne Gschichte geits meischtens drum, dass dä oder die, wo se verzöut, schlau isch gsi und sech nid het lo inelege. Di einte verzöue, wi si der Bättler zum Bahnschauter heige begleitet, zum sicher si, dass er würklech es Biliee chouft. Angeri verzöue, dass si ihrem Bättler heige gseit, wen er würklech Hunger heig, söu er mit i d Bäckerei cho und es Sandwich useläse. D Morau vo dene Gschichte isch immer gliich. Me cha se i eim Satz zämefasse: «Wen i Gäud gibe, de wott i, dass es sinnvou verwändet wird.»

Worum eigetlech? Worum gits so vüu Lüt, wo nid eifach chöi gä, wo nid eifach chöi säge «Do hesch, nimms, es isch für di»? Worum gits so vüu Lüt, wo sogar no bimne Gschänk wei bestimme, was der Beschänkt dermit söu mache? Worum han i säuber mängisch ou no der Impuus, öppisem, won i us der Hang gibe, i Gedanke no hingernochezloufe. Gä heisst doch loslo. Und wen i e Zwöifränkler ha losglo, de isch es nümme mine, de ghört dä Zwöifränkler däm, wo ne het übercho, de chan er ne i das inveschtiere, won är wott, ou wes vilecht öppis isch, wo mi unvernünftig dünkt.

Es geit äbe nid immer um ds Feschthäbe, es geit mängisch ou um ds Loslo, nid chlammere, lo go. Lö mers lo fliesse, das Züüg, eifach lo fliesse, so wis der Heraklit het gseit, so wis nis d Aare vormacht.

Der Störfaktor ir Gaschtronomii

D Gaschtronomii hets gägewärtig schwär, gar ke Frog. Es isch nid nume wäge Corona. Es si vüu Faktore, wo drispile. D Läbesgwohnheite si angers worde. Di meischte Lüt hei gmüetlechi Wohnige. Es ziet se nümm unbedingt zum Huus uus. Vüu Pruefstätigi machen ir Mittagspouse lieber Sport, aus dass si i ne Beiz giengte go ässe. Und die, wo no gö go ässe, di näh fasch lieber es Wasser aus e Zwöier Rotwy, was natürlech der Umsatz vom Wirtshuus ou nid unbedingt i d Höchi triibt. De chunnt derzue, dass d Lüt nümm so lang blibe hocke. Wahrschiinlech hei si enang nümm so vüu z verzöue, wöu si z fescht mit sich säuber beschäftiget si.

Verzöue bruucht Zit. Aber wär het hütt no Zit? Nid emou d Studänte hei Zit. Zit hei höchschtens no di Aute, di Arbeitslose oder di Randständige. Und di Randständige bringen ar Gaschtronomii ou nüt, wöu si ihri Bier bim Discounter choufen und se de deheim oder imne Pärkli gö go abelääre, aber äbe nid ire Beiz.

Angers gseit: Es git mänge Grund, worum dass es d Gaschtronomii schwär het. Das isch säute der Fähler vo de Wirte, das geit ender meischtens unger höcheri Gwaut.

Und trotzdäm gits ou Beize, wo säuber tüchtig mithäufe, dass es mit der Gaschtronomii abwärts geit. I meine di Beize, wo der Gascht aus Störfaktor aaluege. De wott me zum Bispüu öppis go trinke. D Beiz isch offe. Es het Gescht. Me nimmt aa, es sig aus guet.

Me nimmt amne chliine Tischli Platz. Me wartet. Es passiert nüt. Me wartet witer. Es passiert gäng no nüt. Hinger em Buffet si ne Maa und e Frou am Flirte. Si heis luschtig zäme. Me suecht vergäbe der Blickkontakt. Vilecht isch Säubschtbedienig, dänkt me. Me geit a ds Buffet. Me seit schüüch «Grüessech». Di beide vom Buffet säge «Hallo» und luegen eim frogend aa. Me frogt, ob men öppis chöng bstöue. «Nid hie, am Platz!», seit si. Und wöu me gäng no chli verunsicheret us der Wösch luegt, seit är, me wärdi am Platz bedient. Me geit zrügg a Platz und wartet wider. Irgendeinisch chunnt si, wos vorhär am Buffet so lang so luschtig het gha, tatsächlich a Tisch und seit: «Du hesch wöue bstöue?»

Me wird unsicher und fot sech afo froge, ob öppis fautsch drann isch, ire Beiz öppis wöue z bstöue.

«Jo gärn, i nuhm es Bier.» – «Lager? Pale Ale? Indian Red? Draft?» – «Es grosses Lager, sit so guet.» – «Mir hei keni Grosse!» – «I däm Fau es Chliises.» – «Mir hei nume Fläschli.» – «Isch guet, es Fläschli isch ou guet.» – «Chunnt no öppis derzue?» – «Nei merci.»

Das harzet. Und me wird ds Gfüeu nid los, me heig öppis fautsch gmacht. Me wird ds Gfüeu nid los, me störi und me sig e schwirige Gascht mit emne komplizierte Aalige, wöu me gseit het, me wöu es Bier. Me nimmt sech vilecht sogar vor, nümm i di Beiz z go. Nid wöu me der Gaschtronomii wott schade, sondern eifach, wöu me nid wott störe.

105

Ds Unglück vo den angere Lüt

Wos vor angerhaub Wuchen ir Ämme so nen ungloublechi Fluetwäue het ggä, hei d Video-Clips vo dere Naturkataschtrophen i den Online-Medien am meischte Klicks gha. Ds Ungück vo den angere Lüt tuet offesichtlech dene guet, wo säuber nid betroffe si. Us däm Grund si ou di sogenannte Fail-Videos im Internet so beliebt. Fail-Videos si Zämeschnitte vo spektakulären Unfäu, piinleche Stürz und angernen Unglücksfäu us em Autag. Vüufach ghört men uf dene Videos no ds Lache vo dene, wo ds Unglück gfüumet hei.

Mir persönlech machts ke Fröid, söttigi Füume z luege. Es erinneret mi a nes troumatisches Chindheitserläbnis im Zirkus. E Dompteur isch denn mit emnen Esu i d Manege cho und het gseit, dass sig e störrischen Esu und me suechi e Freiwüuige, wo sech getroui, uf däm Esu z rite. Ganz nöch vo üsere Familie isch e Zueschouer ufgstangen und het gruefe, är wöus wage. E Schiinwärfer het d Szene erhäut. Sofort het däm sini Frou afo rüefe, das chöm gar nid i Frog. Aber är, der Maa, het sech nid lo brämsen und isch i Richtig Manege gsprunge. D Frou het ne a de Hose wöue zrüggha, aber är isch eifach witer. Är het sehr elastischi Hoseträger annegha, wo sech gspannt hei, bis si öppe zwänzg Meter läng si gsi, de hei si lo go. Jetz het d Frou sini Hosen ir Hang gha und är isch i den Ungerhosen ir Manege aacho. Sini Ungerhose si bis über d Chnöi ggange, wiiss mit grosse, rote Tüpf druffe. D Frou isch nim nochegsprunge. Und won är scho uf em störrischen Esu isch ghocket und auerlei artistischi Verränkige gmacht het, zum nid ab däm Esu abegheie, isch si ou ir Manegen aacho. D Frou isch am Esu hingernoche und het mit em Handtäschli versuecht, ihre Maa z houe. Won är de ändlech ab däm Esu abegheit isch, het d Frou ihre Maa a de Hoor wider zrügg zum Platz zoge.

Ds Publikum het toobet. D Lüt hei sech d Büüch gha vor lache. Numen ig ha glitte wi ne Hung, wöu i mi i d Lag vo däm Maa ineversetzt ha und ddänkt ha, es sig doch unändlech piinlech, wen aui Lüt i däm Zirkus chönge miterläbe, wi bös dass sini Frou sig und wi unmöglech dass sini Ungerhosen usgseh.

Dass aues en iigstudierti Nummere chönnt si, isch mer denn gar nid i Sinn cho. I ha nume ds Unglück vo däm Maa gseh und has zu mim Unglück gmacht. Am schlimmschte het mi aber ddünkt, dass sogar mi eiget Vatter, wo süsch nie öpper usglachet het, denn hemmigslos über dä Maa uf em Esu het glachet.

Sit denn gon i gar nümm so gärn i Zirkus. Das heisst, i go scho, aber i ha kes guets Gfüeu derbii. I dänke gäng, es chönnt es Unglück passieren und i sig de der Einzig im Publikum, wo nid Fröid hätt dranne. So win i wahrschiinlech der einzig Mediekonsumänt bi, wo d Überschwemmigsfüumli vor Ämmen im Schangnou no nid het aaklicket.

Kei Ahnig worum, aber mi macht ds Unglück vo den angere Lüt nid glücklech.

Eine vo früecher

I ha nen aute Maa kennt, wo jede Morge i ds Dorf isch. Wen er e Rächnig het müesse zale, isch er zersch uf d Bank go Gäud abhebe. De het er am Bankschauter gseit: «Grüessech Frou Bärtschi. Wi geits? Wi geits de Ching? Wi geits am Maa?» De het di Frou vom Bankschauter chli verzout. Nächär het si nim ds Gäud useggä. De isch er übere zur Poscht. «Grüessech Herr Hugetobler. Was mache d Chüngle? Was säget der zum nöie YB-Verteidiger?» De het nim dä vor Poscht chli verzout. Nächär het der aut Maa sini Rächnige zaut. De isch er go Brot choufe: «Grüessech Frou Hofer. Mir es Pfünderli Ruuch. Säget e Gruess deheime.» – «Merci, i wotts gärn usrichte.» Nächär isch er es Kafi go näh. Im Kafi het er auben eine troffe, wo früecher mit nim gschaffet het. De hei di beide chli über ihri Bräschteli gredt. Der eint hets mit de Chnöi gha, der anger im Rügge. Und we der aut Maa gäge Mittag hei isch, de het er uf mindischtens vier oder föif Begägnige chönne zrüggluege, het er auso mit mindischtens vier oder föif Mitmönschen e zwüschemönschlechen Ustuusch gha.

Der aut Maa hätt natürlech siner Iizahlige ou elektronisch chönne mache. Ds Brot hätt er amnen Ort chönne choufe, wo me d Ware süüber iiscannet. Ds Kafi hätt er ou vor eigete Kafimaschine chönnen uselo. Und zum wüsse, wis de Ching vor Frou vom Bankschauter geit, hätt er wahrschiinlech uf Facebook chönne go luege, was die grad poustet hei. Der aut Maa het nid hinger em

Mond gläbt. Är het ds Internet und dä ganz Social-Media-Firlifanz beschtens kennt. Är het gwüsst, was E-Banking isch und wie dass es funktioniert. Aber är isch a dene persönleche Begägnige ghanget. Ihm hets guet to, uf der Bank und uf der Poscht und ir Bäckerei angerne Mönsche z begägne.

Säubschtverständlech het der aut Maa ou gwüsst, dass er es Usloufmodäu isch und dass es für d Poscht nid räntiert, wen eine ds Personau nach em Befinde frogt. «Klar räntiert das nid», het er aube gseit. «Ig säuber räntieren ou scho lang nümm. Aber was wotsch? We de scho nümm räntiersch, de wosch doch wenigschtens chli Fröid ha am Läbe.»

Ungerdessen isch dä aut Maa scho lang gstorbe. D Poschtfiliale, won er auben isch go Gäud abhebe, gits nümm. D Bäckerei gits ou nümm. Aber i bi sicher, wen er no würd läbe, wüsst er scho, wo dass er no chli chönnt go Mönsche träffe, unabhängig dervo, obs räntiert oder nid. Är würd im Migros so lang a ne bedienti Kasse stoh, wis überhoupt no bedienti Kasse git. D Isebahnbiliee würd er am Schauter choufe, so lang wis no Bahnschauter git. Ar Swisscom würd er us Trutz gäng no PTT sägen und am Networking zwüschemönschlechen Ustuusch.

I weiss das aues, wöu i dä aut Maa rächt guet kennt ha. Är isch mi Vatter gsi.

Dieser Text ist aus dem Buch «Der Liebgott isch ke Gränzwächter», das die Kolumnen enthält, die Pedro Lenz 2015–2018 für die «Schweizer Illustrierte» geschrieben hat. Cosmos Verlag. 96 Seiten, gebunden.

Pedro Lenz
im Cosmos Verlag

Plötzlech hets di am Füdle
Banale Geschichten. 144 Seiten, gebunden

Greppehugo will keinesfalls so werden wie sein Vater, der jeden Samstag das Auto schamponiert hat. Chantal träumt vom Fritschi, ihrem Arbeitskollegen, der immer so nett zu ihr ist, so anders als ihr Freund, mit dem sie unterwegs ist ins Tessin.

Liebesgschichte
144 Seiten, gebunden

Wo am Schluss des Films die Verliebten sich küssen und die Sonne untergeht, da fangen die Lenzgeschichten erst an. Nämlich im Leben. An der Rüebechilbi in Madiswil. Auf der Feuerleiter im Schilager Schönried. Im Intercity Bern–Zürich. In der Grottebar in Rütschelen.

Di schöni Fanny
Roman. 184 Seiten, gebunden

Fanny tritt in das Leben von drei Freunden. Mit der Leichtigkeit des Seins ist es bald vorbei. Jeder begehrt Fanny, aber keiner scheint zu verstehen, was Fanny begehrt. Auch als Hörbuch: 5 CDs, 369 Minuten.

Primitivo
Roman. 184 Seiten, gebunden

Sommer 1982, Polo Hofer in der «Traube» in Wynau, im Publikum Charly, der Maurerstift, auch Laurence, «wo usgseht wi di jungi Simone Signoret», ist da, aber in Begleitung von Graber, «däm Sträber», und Charly dämmert es, dass er bei Laurence wohl nicht wird landen können. Da hilft nur ein Bad in der Aare und eine Flasche Bacardi. Umso mehr als Tage zuvor sein Freund Primitivo gestorben ist.

Tanze wi ne Schmätterling
1 CD, 75 Minuten

1971 kommt Muhammad Ali für einen Boxkampf nach Zürich. Regula Giger, Coiffeuse aus Madiswil, Oberaargau, soll dem weltberühmten Boxer aus Louisville, Kentucky, die Haare schneiden. Eine berührende Geschichte über kleine und grosse Träume.

Der Liebgott isch ke Gränzwächter
Kolumnen. 96 Seiten, gebunden

«Pedro Lenz überzeugt einmal mehr als genauer Beobachter mit einem grossen Herzen für seine Mitmenschen – und als hellhöriger Sprachkünstler.»
Alexander Sury, Der Bund